Arena-Taschenbuch
Band 50347

AF198514

Zu diesem Buch gibt es eine Unterrichtserarbeitung.
Informationen darüber erhalten Sie beim Arena Verlag, Würzburg, unter
Telefon 0931/7 96 44-0
oder www.arena-verlag.de/unterrichtsmaterial.

Zusätzlich können Lehrer und Interessierte zu diesem Buch eine Handreichung
an Materialien und Fachaufsätzen zur rechten Szene herunterladen:
www.arena-verlag.de/unterrichtsmaterial
Diese ist in Kooperation mit der AussteigerhilfeRechts und dem
Nordverband Ausstieg Rechts entstanden und wird herausgegeben von
Reinhard Koch und Stefan Saß.

Aus Datenschutzgründen wurden Namen sowie teilweise auch
Ereignisse im nachfolgenden Text von der Redaktion geändert.

Timo F.,
geboren 1994, gehörte im Alter von 14 bis 17 Jahren der Neonazi-Szene
in einem westdeutschen Bundesland an. Er stieg über rechte Musik ein und
knüpfte auf Demonstrationen erste Kontakte. Obwohl er so jung war, erlangte
er schnell eine Kaderfunktion in der rechten Szene. Bis er die Ideologie
und seine „Kameradschaften" schließlich hinterfragte. Mithilfe einer
Ausstiegsorganisation begann er 2011 ein normales Leben.

*Name geändert

Timo F.

Neonazi

Autobiografischer Roman

2. Auflage im Arena-Taschenbuch 2022
© 2017 Arena Verlag GmbH
Rottendorfer Straße 16, 97074 Würzburg
Alle Rechte vorbehalten
Einbandgestaltung: Geviert, Grafik & Typografie, Andrea Hollerieth,
unter Verwendung eines Motivs von © mia takahara/Plainpicture,
© Zoteva/Shutterstock und © MPFphotography/Shutterstock
Umschlagtypografie: KCS GmbH · Verlagsservice &
Medienproduktion, Stelle/Hamburg
Gesamtherstellung: Westermann Druck Zwickau GmbH
ISSN 0518-4002
ISBN 978-3-401-50347-9

Besuche uns unter:
www.arena-verlag.de
www.twitter.com/arenaverlag
www.facebook.com/arenaverlagfans

Der Typ ist am Hauptbahnhof in meine S-Bahn gestiegen und hat sich ausgerechnet neben mich gesetzt – und das, obwohl der Zug fast leer ist. Aus seinen Kopfhörern wummert ein Rhythmus, den ich sofort erkenne. Den dazugehörigen Text könnte ich sogar im Schlaf mitsingen, so oft habe ich ihn gehört. Es geht um Kameradschaft und Zusammenhalt. Der Sänger röhrt, man solle sich gut überlegen, auf welche Seite man sich schlägt ... Rechtsrock. Nichts Verbotenes. Aber eine Band, die bevorzugt von Skinheads oder Neonazis gehört wird.

Unwillkürlich rücke ich ein Stück Richtung Fenster. Abstand schaffen. Allerdings dröhnt die Musik so laut, dass vermutlich sogar noch die Leute am Ende des Waggons etwas davon haben. Ganz automatisch fange ich bei der nächsten Strophe an, im Geiste mitzusingen – über Juden, Linke und Verräter. Ein Lied, das sich anfühlt wie eine Krankheit, die sich für alle Zeiten in mein Hirn gefressen hat. Mir wird übel. Mein altes Braunhemd konnte ich in der Altkleidertonne entsorgen. Diese Erinnerungen, diese Texte aber bleiben und erinnern mich an das dunkelste Kapitel meines Lebens, an eine Zeit, an die ich am liebsten nie wieder erinnert werden wollte.

Dazu mischt sich die Angst, erkannt zu werden. Schließlich möchte ich keine Stahlkappe ins Gesicht bekommen. Manche meiner alten Kameraden schlagen zu, bis sich ihr Opfer am Boden nicht mehr rührt ...

Vorsichtig drehe ich meinen Kopf in die Richtung meines Sitznachbarn. Zuerst fallen mir seine schwarzen Doc-Martens-Stiefel mit Stahlkappen ins Auge. Arbeiterschuhe, die häufig von Skinheads und Rechten getragen werden. Sie gucken unter einer olivgrünen Tarnhose hervor. Unauffällig tastet sich mein Blick weiter hoch: zu der schwarzen Armeejacke, auf der ein schwarz-weißer Aufnäher prangt: »Thor mit uns«.

Nervös räuspere ich mich. Mein Herz hämmert inzwischen schneller als das Schlagzeug-Solo, das gerade einsetzt. Möglichst unauffällig versuche ich, einen Blick auf das Gesicht meines Sitznachbarn zu erhaschen, der sich mit verschränkten Armen in unsere Bank drückt und finster geradeaus starrt. Ich bin erleichtert: Immerhin ist er keiner meiner alten Bekannten.

Einen kurzen Moment schließe ich die Augen und nehme einen extratiefen Atemzug. Dann sehe ich wieder aus dem Fenster: auf den Fluss, der sich unter der S-Bahn-Brücke träge und schwerfällig durch die große Stadt schiebt, in der ich neuerdings lebe. An demselben Fluss habe ich früher oft mit meinen Kumpels gesessen. Allerdings locker einhundertsechzig Kilometer stromabwärts. Weit weg. In einem anderen Leben. In einer anderen Zeit.

Plötzlich verstummt die Musik neben mir – das Lied ist zu Ende. Ich spüre, wie mein Sitznachbar sich erhebt. Mit strammem Schritt marschiert er zur Tür. Obwohl er überhaupt keine Notiz von mir genommen hat, bin ich erleichtert, dass er weg ist.

Bis heute bin ich keinem meiner alten Freunde je wieder begegnet. Wahrscheinlich der Grund, warum ich mein neues Leben bisher unbeschadet überstanden habe. Denn: Drohungen gab es genug. Vor allem in der ersten Zeit, als bekannt wurde, dass ich aus der rechten Szene ausgestiegen bin. Da hieß es dann plötzlich: »Achtung! Der Timo ist ein Verräter!« Blitzschnell hat sich diese Nachricht verbreitet. Und dann kamen die Droh-Mails. Manchmal auch beängstigende Anrufe. Plötzlich zählte ich nicht mehr zum »Kreis der lebenswerten Deutschen«. Sie schrien ins Telefon: »Früher hätte man einen wie dich erschossen« oder »Pass auf, dass wir dich nicht erwischen!«. Die Mails hatten einen ähnlichen Ton: »Judas! Wir machen dich einen Kopf kürzer.«

Wochenlang ging das so. Das war heftig – schließlich kamen diese Hass-Nachrichten von meinen ehemaligen Kumpels. Von Jungs, mit denen ich vier Jahre lang beinahe jede freie Minute verbracht hatte. Wir waren unzertrennlich. Uns einte die Überzeugung, der überlegenen Rasse anzugehören. Davon handelten unsere Lieder, unsere Gespräche, unsere Schulungen. Darauf war unser ganzes Denken und Handeln ausgerichtet. Wir haben sogar heimliche Wehrsportübungen abgehalten und schießen gelernt – für den Fall, dass »Tag X« kommt und wir unser deutsches Volk endlich von dem vermeintlichen »Dreck« befreien können. Deshalb weiß ich auch genau, wohin ich mit einer Machete schlagen muss, um den Feind zuverlässig zu töten. Wir haben gezeltet, gefeiert und sind gerannt, wenn die Polizei mal wieder hinter uns her war. Wir waren Kameraden. Wie in den Texten unserer Lieblingsbands. Da ging es schließlich ständig um Kameradschaft, Treue und Zusammenhalt. Jederzeit. An jedem Ort.

Ganz ehrlich: Das ist alles Schwachsinn!

1

»Es gibt keine prototypische Begründung für einen Einstieg in die rechtsextreme Szene. Trotzdem sind in vielen Biografien Gemeinsamkeiten zu finden: fehlende Anerkennung, fehlende Vaterfiguren, Gewalt in der Familie, instabile soziale Bindungen, Ausgrenzung, Einsamkeit oder auch die rechtsorientierte Einstellung der Eltern.

Szeneeinstiege können der Versuch sein, eine (soziale) Problemlage zu bearbeiten. Deshalb ist es grundsätzlich möglich, dem Einstieg in die rechtsextrem orientierte Szene entgegenzuwirken, indem man jungen Menschen andere Möglichkeiten der Zugehörigkeit, der Anerkennung, der Teilhabe oder der Problembewältigung bietet.«

JUMP – Ausstiegsarbeit in MV

Auch wenn das jetzt wie eine schlechte Ausrede klingt: Ich wuchs in ziemlich ungeordneten Verhältnissen auf. Meine Mutter arbeitete selten bis gar nicht. Mein »Papa« – also der Mann, den ich bis zu meinem sechsten Lebensjahr für meinen Vater hielt – hatte einen Job als Lkw-Fahrer. Er war ein großer, massiger Kerl, der, wenn er zu Hause war, einen harten Ton anschlug. Wir lebten in einem kleinen Kaff mitten in Deutschland. Hier waren die Mieten so günstig, dass wir uns ein Häuschen mit Garten leisten konnten. Wenn »mein« Vater von der Arbeit kam, jagte er meinen zwei Jahre jüngeren Bruder Stefan und mich erst einmal ums Haus. Merkwürdig fand ich, dass er zu Stefan so viel netter war als zu mir. Egal, bei was. Wenn wir beispielsweise Räuber und Gendarm spielten, war ich garantiert der Gangster, während Papa und Stefan als die »Guten« gegen mich kämpften. Meist schubsten sie mich schon nach kürzester Zeit ins Gefängnis im Gebüsch. Sie waren die Helden. Ich war der Depp.

Dementsprechend unwohl fühlte ich mich mit dieser Rollenverteilung, schließlich wollte ich selbst gerne mal gewinnen. Aber davon wollte mein Vater nichts wissen. »Entweder spielen wir so oder gar nicht«, brummte er. »Dann eben so«, lenkte ich jedes Mal traurig ein. Zumal Vater sich ohnehin nicht besonders ausdauernd mit uns beschäftigte. Meist verabschiedete er sich schon nach kurzer Zeit vor den Fernseher. Stefan und ich spielten dann im Kinderzimmer weiter. Am liebsten auf dem Fußboden mit unseren Autos. Einmal hatten wir aus Holzbausteinen Garagen gebaut und mit unseren Büchern kleine Rampen. Ich belud gerade einen Laster mit Legosteinen, da wollte Stefan ausgerechnet diesen Laster haben. Ich schüttelte den Kopf. Mein Bruder griff nach dem Laster, aber ich war schneller. Als Stefan sich nun wütend auf mich stürzte, hielt ich den Laster einfach in die Höhe – schließlich war ich viel größer als er. Stefan schrie und tobte. Und ich freute mich, weil ich meinem Bruder so deutlich überlegen war. Stefan, außer sich vor Wut, wusste sich nicht anders zu helfen und biss mir kräftig in den Bauch. Sofort quoll dunkelrotes Blut durch mein hellgelbes T-Shirt. Nach einer kurzen Schrecksekunde brüllte ich los. Allerdings ohne den Laster loszulassen. Deshalb schrie nun auch Stefan noch lauter, schließlich hatte er den Laster immer noch nicht ... Es dauerte nicht lange und »Papa« riss mit einem Ruck die Tür auf und stürmte ins Kinderzimmer. Sein erster Blick fiel auf Stefans blutverschmierten Mund. Vermutlich glaubte er, ich hätte meinem kleinen Bruder ins Gesicht geschlagen. Denn ohne nachzusehen, warum Stefan blutete, oder vielleicht mal zu fragen, was überhaupt passiert war, holte er aus und verpasste mir mit einer solchen Wucht eine Ohrfeige, dass ich mit dem Kopf gegen unsere Schrankwand krachte und erst wieder zu mir kam, als ich neben Mama im Auto saß. Offenbar war ich längere Zeit bewusstlos gewesen. Dementsprechend erleichtert war Mama, als ich endlich wieder die Augen aufmachte. Sie lächelte mich an und schnaufte: »Na, endlich!« Schließlich waren wir bereits auf dem Weg ins Krankenhaus und sie musste mir dringend noch Anweisungen geben, was ich den Ärzten im Krankenhaus zu sagen hatte. »Wenn dich jemand fragt, was passiert ist, sagst du einfach, dass du vor lauter Schreck über den Biss gestolpert und gegen den Schrank gefallen bist. Okay?« Dann konzentrierte sie sich wieder auf den Verkehr.

Irritiert sah ich zu ihr rüber. Ich war zwar mit dem Kopf gegen die Schrankwand gefallen, trotzdem wusste ich doch ganz genau, dass die Geschichte anders abgelaufen war. Weil ich nichts sagte, sondern sie nur verwirrt anstarrte, stöhnte Mama genervt auf und schüttelte den Kopf. Dabei krallten sich ihre rot lackierten Nägel ins Lenkrad. Sie ärgerte sich über mich. Das merkte ich. Unsicher begann ich, mit meinen Händen zu spielen. An der nächsten Ampel legte Mama dann ihre Hand auf mein Knie und sah mich an. Sie lächelte. Aha. Taktikwechsel.

»Wenn du gleich sagst, dass du aus Versehen gegen die Schrankwand gefallen bist, fahren wir nachher ins Spielzeuggeschäft und du darfst dir aussuchen, was du möchtest.«

»Was ich möchte?«

»Ja, ein Teil! Was immer du willst!«

Das war ein Deal, auf den ich mich natürlich sofort einließ. Dann würde ich den Ärzten eben erzählen, dass ich gestolpert sei. Na und? Was hätte ich auch sonst machen sollen? Ich war fünf Jahre alt. Noch dazu komplett überfordert mit dem brutalen Ausraster meines vermeintlichen Vaters. Deshalb plapperte ich beim Arzt brav nach, was Mama mir vorgesagt hatte. Keiner wurde misstrauisch, die Platzwunde am Kopf schnell geklebt, die Wunde am Bauch bloß desinfiziert und Mama fuhr mit mir schnurstracks ins nächstgelegene Spielzeuggeschäft. Dort suchte ich mir einen gigantischen Plastiklaster mit einer riesigen Ladefläche aus. Damit hatte sich die Sache erledigt. Für alle Beteiligten.

Nur nicht für mich.

Denn seit dieser Attacke hatte ich immer ein wenig Angst vor Papa. Außerdem achtete ich nun genauer darauf, ob er Stefan bevorzugt behandelte, und wurde beinahe permanent bestätigt. Deshalb zog ich mich zurück. Ich weigerte mich, weiter den Räuber zu spielen, und beteiligte mich nicht einmal mehr an den morgendlichen Raufereien im Ehebett.

Irgendwann machte sich meine Mutter wohl Sorgen um mich. Deshalb bekam ich in der Folgezeit plötzlich extraviel Aufmerksamkeit von ihr. Sie schlug sogar vor, dass ich mir etwas aussuchen dürfte, was nur ich machen würde. Ganz alleine. Ohne Stefan und Papa. Fußball, Handball, worauf ich Lust hatte. Allerdings war ich schon als Kind eher pummelig und fand Sport, bei dem ich mich selbst bewegen sollte, viel zu anstrengend. Aber glücklicherweise gab es ganz in unserer Nähe ein Kartcenter. Schnelle Autos, laute Motoren, Rennen fahren – das fand ich cool! Mama freute sich über meine Begeisterung. Endlich kroch ich wieder aus meinem Schneckenhaus!

Weil ich so viel Spaß hatte, gingen wir bald einmal pro Woche zum Kartfahren. Jeden Donnerstag war »Timo-Zeit«, dann durfte ich auf meine kleine Rennmaschine steigen – ohne Stefan und ohne »Papa«. Dafür mit einer glücklich strahlenden Mama, die mir in jeder neuen Runde fröhlich zuwinkte. Wenn meine Fahrzeit zu Ende war, wartete der freundliche Herr von der Kartbahn bereits am Boxenstopp auf mich, um mir den Helm abzunehmen. Dabei überschüttete er mich jedes Mal mit Lob: »Du machst das super! Der neue Michael Schumacher.«

Das gefiel mir natürlich. Endlich war ich der Held!

Mama drückte mir stolz einen Kuss auf die Wange. »Bäh!«, rief ich jedes Mal und wischte mir schnell ihren Lippenstift ab. Dann lachten wir alle zusammen.

Bis mein Vater irgendwann einmal mit zur Kartbahn kam ...

Stefan war bei einem Freund. Papa stand neben Mama am Rand der Bahn und sah mir zu. Ich freute mich, ihm zeigen zu können, wie toll ich fahren konnte. Und wurde enttäuscht. Er sah nämlich überhaupt nicht begeistert aus. Auch Mama lachte nicht so viel wie sonst. Nachdem ich meinen Wagen geparkt und meinen Helm abgegeben hatte, lief der nette Herr von der Kartbahn wie immer mit seinem Arm auf meiner Schulter mit mir zu Papa und sagte: »Ihr Neffe fährt wirklich ausgezeichnet. Sobald er etwas älter ist, könnte er Rennen mitfahren.«

Ich war etwas irritiert. Neffe? Offenbar hielt er meinen Vater für Mamas Bruder. Ich kicherte: »Das ist doch mein Papa!«

Allerdings fand diese Verwechslung außer mir keiner lustig. Stattdessen starrten sich plötzlich alle ganz merkwürdig an. Keiner sagte ein Wort, sodass mir allmählich mulmig wurde. Verunsichert sah ich in die Runde, bis Papa sich mit einem Mal umdrehte und wütend aus dem Kartcenter stapfte. Mama schnappte meine Hand. »Timo, wir müssen los.« Irgendwas stimmte hier nicht. Zumal auch der nette Mann von der Kartbahn plötzlich wie tiefgefroren wirkte und mir nicht einmal zum Abschied winkte. Natürlich war ich noch viel zu klein, um zu verstehen, dass meine Mutter offenbar eine Affäre mit ihm angefangen hatte, hinter die mein Vater nun gekommen war.

Sobald wir zu Hause waren, schaltete Mama mir im Wohnzimmer das Kinderprogramm ein. »Du schaust fern und ich lasse dir das Badewasser ein.«

Von mir aus – sehr gerne! Begeistert kuschelte ich mich vor dem Fernseher in unsere Wolldecke ein, die dort immer lag. Und obwohl ich aus der Küche Geschrei hörte, bewegte ich mich keinen Zentimeter, weil ich *SpongeBob* viel zu lustig und die Streitereien der Erwachsenen viel zu bedrohlich fand. Doch dann wurde die Küchentür plötzlich aufgerissen und Papa stürmte zu mir ins Zimmer. Unwillkürlich zuckte ich zusammen. Wortlos und ohne mich zu beachten, griff er sich die Fernbedienung und schaltete ins Erwachsenenprogramm um. Enttäuscht schob ich meine Unterlippe vor und rutschte gleichzeitig möglichst unauffällig vom Sofa. Nach meiner Begegnung mit dem Wandschrank war ich, was Papa anging, vorsichtiger geworden. Lautlos schlich ich aus dem Zimmer. Auf der Schwelle zum Flur kam mir Mama mit einem Teller entgegen, auf dem zwei mit Käse überbackene Baguette-Brötchen lagen. Ich reckte schnüffelnd meine Nase in die Höhe, aber leider war es das Abendessen für meinen Vater. Nur hatte der offenbar keine Lust auf Baguette-Brötchen. Als meine Mutter vor ihm stand und ihm gerade den Teller reichen wollte, sprang er plötzlich auf und schlug mit einer solchen Wucht von unten gegen den Teller, dass der Mama direkt ins Gesicht und die Baguettes einmal quer durch den Raum flogen. Sofort ging das Geschrei wieder los, woraufhin ich panisch in mein Kinderzimmer flüchtete. Verzweifelt sah ich mich um. Dann entdeckte ich unseren kleinen Malschrank, den ich hektisch von innen vor die Tür schob, in der Hoffnung, dass nun keiner mehr in mein Zimmer kommen könnte. Deutlich gedämpft hörte ich Papa brüllen: »Ich habe keinen Bock mehr auf deinen Mikrowellen-Fraß! Den kannst du dir sonst wohin schieben!«

Dann polterte es. Mama schrie auf. In meiner Angst kroch ich blitzschnell unter mein Bett. So tief, bis ich an meinem Rücken die kalte Wand spürte. Dabei traute ich mich unter normalen Umständen nicht einmal, mit dem Arm unter mein Bett zu greifen, um ein Auto hervorzuholen. Vor lauter Angst, dass hier eine Spinne lauern könnte ... Aber heute war mir alles egal. Ich kauerte mich in mein Versteck und lauschte, was in der Wohnung vor sich ging, wobei mein Herz so laut hämmerte, dass es beinahe das Weinen meiner Mutter übertönte. Irgendwann hörte ich nur noch meinen Herzschlag. In der Wohnung wurde es still. Trotzdem wagte ich mich nicht unter meinem Bett hervor. Als sich meine Türklinke langsam nach unten bewegte, musste ich enttäuscht beobachten, wie der kleine Malschrank ganz problemlos weggeschoben wurde. Ich hielt die Luft an – voller Angst, dass man mein Atmen hören und mich finden könnte. Dann erkannte ich erleichtert, dass meine Mutter gekommen war. Ihre Lippen waren geschwollen. Trotzdem lächelte sie mich an, als sie mich unter dem Bett entdeckte. »Baguette?«

Sofort kroch ich aus meinem Versteck und nahm den

Teller entgegen. Es war zwar nicht mehr viel Belag auf den Brötchen, aber ich hatte inzwischen ziemlichen Kohldampf bekommen.

Mama tat, als wenn nichts geschehen wäre. Nur ins Kartcenter durfte ich nie wieder. Das fand ich schade. Aber es war nicht das Schlimmste. Am schlimmsten war die Stimmung, die nun zu Hause herrschte. Meine Eltern schrien sich eigentlich nur noch an. Meine Mutter verlegte ihren Schlafplatz vom Schlafzimmer ins Wohnzimmer. Geschwollene Lippen und blaue Augen wurden bei ihr quasi zum Dauerzustand und ich hatte manchmal das Gefühl, genauso viel Zeit *unter* meinem Bett wie *in* meinem Bett zu verbringen. Eigentlich fühlte ich mich permanent wie auf der Flucht. Deshalb war ich auch nicht wirklich unglücklich, als Mama uns, während »Papa« mal wieder für längere Zeit unterwegs war, verkündete, dass wir ausziehen würden – nur Mama, Stefan und ich. In eine kleine Wohnung im Nachbardorf. »Dann wohnen wir im selben Ort wie Oma und Opa«, lockte meine Mutter.

Ich freute mich. Schließlich war ich gerne bei meinen Großeltern. Insgesamt war ich also allerbester Dinge, was unseren Umzug betraf. Bis ich zum ersten Mal vor unserem neuen Zuhause stand. Ich erinnere mich noch heute genau daran, wie ich als Sechsjähriger entsetzt auf diese grau-braune Bröckelfassade starrte. Das Dreifamilienhaus sah aus wie eine Ruine! Passend dazu stank es im Treppenaufgang, als würden unter den morschen Holztreppen Hunderte toter Ratten verwesen. Unglücklich sah ich zu meiner Mutter, die Stefan und mich ungerührt weitertrieb. In den ersten Stock, in unsere spärlich eingerichtete Wohnung. Und plötzlich fehlte mir unser Häuschen. Und »Papa«. Einfach mein gewohntes Leben, bevor dieser ganze Streit losging. Aber das war nun vorbei. Definitiv. Stattdessen lebte ich in einer Bruchbude mit meiner dauergenervten und vor lauter Überforderung ständig herumschreienden Mutter. Beinahe jeden Tag setzte ich mich auf mein kleines Kinderfahrrad und flüchtete zu meinen Großeltern. Dort spielte ich mit meinen Tanten, Mamas jüngeren Schwestern. Sie hatten einen anderen Vater als meine Mutter und waren wesentlich jünger als sie und daher nicht viel älter als ich. Ich genoss deren Aufmerksamkeit und Fürsorge. Hier stand ich endlich mal im Mittelpunkt! Selbst wenn ich Blödsinn machte – und ich machte viel Blödsinn –, waren sie noch lieb zu mir. Ich habe noch heute ein unendlich schlechtes Gewissen, wenn ich daran denke, dass einer meiner Lieblingsstreiche war, Spülmittel auf die oberste Treppenstufe zu schmieren. Wenn Oma dann nicht aufpasste, purzelte sie mit Karacho die ganze steile Holztreppe runter. Geschimpft hat sie nie, sie hat höchstens mal zu Mama gesagt, dass die mich besser erziehen sollte. Aber trotzdem hat Oma sich immer gefreut, wenn ich sie besuchen kam. Deshalb gewöhnte ich mich allmählich an unsere neue Situation – trotz Bruchbuden-Zuhause.

Doch dann kam ich einmal nach Hause und Mama saß verheult vor dem Fernseher. Verwundert sah ich mich um. Es war seltsam still in unserer Wohnung.

Deshalb fragte ich meine Mutter misstrauisch: »Wo ist denn Stefan?«

Sie schluchzte einmal laut auf. Dann erzählte sie, dass Papa ihn abgeholt hätte. Mitsamt seinen Klamotten, seinen Spielsachen, seinen Möbeln.

Ich war sprachlos, und obwohl ich mich oft mit meinem kleinen Bruder gestritten hatte, fühlte ich mich schlagartig einsam. Mama streckte den Arm nach mir aus und ich kuschelte mich sofort an sie. Während sie über meine blonde Igelfrisur streichelte, versuchte sie, mich zu trösten: »Du musst nicht traurig sein, Timo. Immerhin habe ich jetzt nur noch Zeit für dich!«

Diese Vorstellung tröstete mich ein wenig. Trotzdem fehlte mir mein kleiner Bruder sehr. Lustlos schob ich die verbliebenen Autos durch mein Zimmer und baute für sie eine riesige Garage aus Holzbausteinen an der Stelle, an der zuvor Stefans Bett gestanden hatte. Dabei begann ich, mich zu fragen: *Warum hat Papa eigentlich nur Stefan abgeholt?*

Als ich mit Mama ein paar Tage später im Auto zum Einkaufen unterwegs war, fragte ich sie danach. Mama verzog ihren rot bemalten Mund. Auf ihre gewohnt einfühlsame Art erklärte sie mir: »Achim wollte dich noch nie haben. Deshalb hat er nur Stefan abgeholt. Er hatte sogar gedroht, dich zu verdreschen, wenn ich ihm Stefan nicht mitgeben würde.«

Ungläubig starrte ich sie an. Es war, als ob meine Ohren meinem Gehirn einen Streich spielen wollten. Das sollte mein Vater gesagt haben? Während Mama sich im Auto ungerührt eine Zigarette anzündete, schrie ich wütend: »Das stimmt nicht! Warum sollte er das tun? Er ist doch mein Papa.«

Nun lachte Mama auf: »Nein, er ist nicht dein Vater und deshalb hat er Stefan ja auch viel lieber als dich.«

Mir blieb die Luft weg. Irgendwie blieb mir plötzlich alles weg. »Papa« war gar nicht mein Vater? Was erzählte meine Mutter denn da? Unwillkürlich musste ich losheulen.

Mama verdrehte die Augen – sie war schon wieder genervt. Deshalb presste ich mir die Hände vors Gesicht, so als könnte ich damit die Tränen stoppen. Aber sie liefen weiter und weiter und weiter. Es war, als würden nun sämtliche unterdrückten Ängste und Schmerzen der vergangenen Wochen aus mir herausbrechen.

Mama stöhnte laut auf. »Sei doch nicht immer so eine Heulsuse! Dein richtiger Vater ist bei uns ausgezogen, als du noch ein Baby warst.« Dann tätschelte sie aufmunternd mein Knie. »Nun beruhige dich mal wieder. Du hast ja noch mich.« Wie um diesen Satz zu unterstreichen, lächelte sie mich an. Dann zog sie wieder an ihrer Zigarette.

Schluchzend und mit verschwommenem Blick sah ich zu ihr rüber. Ich war extrem verunsichert. Das Leben erschien mir plötzlich wie ein riesiger Ozean. Alles war in Bewegung. Permanent. Man wusste nie, was als Nächstes plötzlich neben einem auftauchte oder was schon längst gefräßig in der dunklen Tiefe lauerte. Und der einzige Halt in dieser bedrohlichen Welt war: Mama. Plötzlich erschien sie mir wie eine Lichtgestalt. Mama war scheinbar die einzige Person auf Erden, der ich vertrauen konnte. Sie war die Einzige, die wirklich immer für mich da war. Erst war mein echter Papa weg. Dann Achim. Nun Stefan. Nur Mama blieb. Ich durfte sie auf gar keinen Fall auch noch verlieren! Deshalb nahm ich mir vor, alles auf der Welt dafür zu tun, damit das so blieb.

Dementsprechend versetzte es mich in Panik, als plötzlich alle davon sprachen, dass ich jetzt *ein großer Junge* sei und eingeschult werden solle. Ich sollte weg von Mama! Alleine die Vorstellung, mich stundenlang mit unzähligen wildfremden Kindern in eine Klasse zu setzen und auf die Unterstützung einer Lehrerin zu hoffen, die ich bislang noch nicht einmal kannte, überforderte mich dermaßen, dass ich sofort losheulte, sobald das Thema Schule aufkam. Erst beschimpfte mich meine Mutter als »Heulsuse«: »Mann, Timo, du bist doch kein Mädchen!« Doch irgendwann gab sie es auf und seufzte resigniert: »Dann geht er eben ein Jahr später.«

Noch heute erinnere ich mich daran, wie unglaublich erleichtert ich über diesen Satz war. Ich durfte zu Hause bleiben! Damals fühlte sich ein Jahr ja wie eine Ewigkeit an.

Während also alle anderen Sechsjährigen in die Schule gingen, saß ich im Wohnzimmer vor dem Fernseher. Dort sah ich am liebsten irgendwelche Kriegs-, Räuber- und Ritterfilme. Wenn Mama dann meinte, ich hätte nun genug Zeit »vor der Glotze« verbracht, und mich nach draußen scheuchte, streunte ich durch die Gegend und spielte Polizist, Ritter, Ninja Turtle oder Power Ranger. Hauptsache, irgendetwas mit Kämpfen und Waffen. Schaumstoffschwerter, Plastikpisto-len – ich hatte das ganze Sortiment und fühlte mich besser ausgerüstet als jede Armee dieser Welt. Ich dachte daran, wie schön es wäre, jetzt mit Stefan hier unterwegs zu sein. Ich wunderte mich ohnehin, warum Mama Stefan nicht wieder zu uns holte, und erklärte es mir damit, dass Mama vermutlich Angst hatte, dass Achim mir dann tatsächlich etwas antun würde. Im-merhin hatte er ja damit gedroht ...

Um uns beide abzulenken, unternahmen wir an jedem Wochenende besondere Ausflüge. An einem Sonntag fuhr Mama mit mir mit dem Auto zu einem Flohmarkt. An einem Stand, der allerlei altes Militärzeug verkauf-te, entdeckte ich ein Butterflymesser und einen Wurf-stern. *Echte* Waffen. Ich war fasziniert. Mit leuchtenden Augen klebte ich an dem Stand und bewunderte die gefährlich scharfen Kanten des Wurfsterns, der beinahe so groß wie meine ganze Handfläche war. Vorsichtig ließ ich das Butterflymesser aufschnappen und klapp-te es wieder zu, ließ es aufschnappen und klappte es zu.

Mama hatte einen guten Tag und sagte: »Such dir was aus!«

Aber ich konnte mich nicht entscheiden. Fast zärt-lich strich ich über beide Waffen und schließlich ent-schied meine Mutter: »Wir nehmen bitte beide ...«

Ich war überwältigt. Ich kann mich an kein einziges Weihnachtsfest erinnern, an dem ich mich so sehr ge-freut habe wie über diese beiden Schätze, die ich in ei-ner schwarzen Plastiktüte fest an meine Brust gepresst nach Hause trug. Meine Mama erlaubte mir sogar, sie mit in mein Zimmer zu nehmen – ich versteckte sie in der hintersten Ecke meiner Strumpfschublade. Aber sobald wir Besuch bekamen, holte ich meine Waffen aus ihrem Versteck, um sie voller Stolz zu präsentieren. Die meisten Freunde meiner Mutter lachten darüber, wie gut ich (als Sechsjähriger!) ausgestattet war. Manche kramten auch sofort in ihren Jackentaschen, um mir ihre Waffen zu zeigen, die sie mit sich herumtrugen. Als Kind fand ich das natürlich klasse. Mir war nicht bewusst, dass meine Mutter sich offenbar in sehr *speziellen* Kreisen bewegte, in denen es normal war, permanent schwer bewaffnet durch die Gegend zu laufen.

Passend zu Mamas Freunden, bekam ich im Winter dann auch eine Bomberjacke – in so einem fröhlich kindgerechten Armeegrün. Dazu eine niedliche kleine Armeehose. So wie sie auch sämtliche Freunde meiner Mutter trugen ...

Mama quoll beinahe über vor Stolz, wenn sie mich in meinem neuen Outfit vorführte. Sämtliche ihrer Bekannten nickten anerkennend. Das fühlte sich gut an. Am liebsten hätte ich meine Bomberjacke rund um die Uhr getragen. Damals verstand ich natürlich noch nicht, in welchem Milieu meine Mutter sich seit ihrer Jugend bewegte. Wenn ich mir heute meine Kinderfotos anschaue, bekomme ich regelmäßig eine Gänsehaut: Da salutiere ich mit vor Stolz geschwellter Brust mit Barett auf dem Kopf und diversen Spielzeugpistolen im Anschlag. Und während andere Kinder mit ihrem Teddy im Arm einschliefen, nahm ich offenbar meine M16 aus Plastik mit ins Bett. Schon damals schien mein Weg vorgezeichnet ...

Da meine Mutter noch immer nicht arbeitete und wir dementsprechend wenig Geld zur Verfügung hatten, waren wir nicht mehr in Urlaub gefahren, seit wir bei Achim ausgezogen waren. Ich war also ziemlich aufgeregt, als Mama mir verkündete, dass wir zusammen mit ihrer besten Freundin Susanne verreisen würden. Zu einem Freund von Susanne. Mama schwärmte: »Der Freund wohnt an einem richtig breiten Fluss. Bestimmt hundert Mal so breit wie unsere Dorfstraße. Und wir müssen mit einer Fähre übersetzen.«

Ich konnte es kaum erwarten ...

Umso größer war die Enttäuschung bei unserer Ankunft. Zwar waren wir tatsächlich mit einer Fähre gefahren, allerdings hatte die Überfahrt maximal fünf Minuten gedauert. Danach erreichten wir nach weiteren fünf Minuten eine gammelige Junggesellenwohnung, in der Susannes Freund mit seinem Bruder Enrico lebte.

Der Umgangston war rau. Schon beim ersten »Hallo« zuckte ich erschrocken zusammen. Überall lagen Pizzaschachteln oder Bierflaschen herum. Ich habe mich total gegruselt. Und dann musste ich auch noch ab dem zweiten Abend alleine im Wohnzimmer schlafen, weil Mama nicht mehr mit mir auf dem Sofa, sondern viel lieber bei Enrico im Bett schlafen wollte. Ganz ehrlich: Das war mein bislang schrecklichster Urlaub!

Ich dachte daran, wie ich mit Mama und Achim in Bulgarien war. Wie wir am Strand Sandburgen gebaut haben. Oder wie wir in Ägypten auf einem Kamel geritten sind. Damals hatten wir wenigstens ab und zu mal gemeinsam Spaß. Diesmal war Mama eigentlich nur zufrieden, wenn ich mich quasi unsichtbar machte.

Den tollen Fluss, von dem Mama so geschwärmt hatte, habe ich genau zwei Mal gesehen: bei der Anreise und bei der Abreise. Daher war ich froh, als unser Urlaub endlich vorbei war. Wohlgemerkt: *Ich* war froh. Denn meine Mutter hatte seit unserer Rückkehr eigentlich permanent schlechte Laune. Sie meckerte nur noch. Mein Abendessen konnte ich mir alleine zubereiten. Und wenn ich ins Bett ging, winkte sie mir allerhöchstens vom Sofa aus teilnahmslos zu. Dafür telefonierte sie stundenlang mit ihrem neuen Freund.

Ich fühlte mich einsam und verbrachte so viel Zeit wie möglich bei meinen Großeltern oder neuerdings auch bei unseren Nachbarn, die eine Etage über uns lebten: Frau Schulze mit wechselnden Lebensgefährten und ihren drei Kindern, die allesamt von unterschiedlichen Männern stammten. Ihr jüngster Sohn, Florian, war zwei Jahre älter als ich. Heute, mit etwas Abstand, empfinde ich alleine die Tatsache, dass meine Mutter mir überhaupt erlaubte, zu den Schulzes zu gehen, als sicheren Beweis ihrer absoluten Gleichgültigkeit.

Bei den Schulzes lief rund um die Uhr der Fernseher. Das Programm: garantiert nicht jugendfrei. Die Wohnung war verdreckt. Die Kinder verwahrlost. Mit Florian zog ich oft umher, um Kippen zu suchen. Florian rauchte nämlich schon. Mit neun. Wenn wir genug Kippen gesammelt hatten, schmissen wir mit Steinen die Scheiben leer stehender Häuser kaputt. Oder wir durchforsteten fremde Schuppen, die nicht ordentlich abgeschlossen waren. Einmal fanden wir dabei einen Benzinkanister. Mit dem setzten wir alles in Brand, was wir in die Hände bekamen. Ein Wunder, dass nichts Schlimmeres passiert ist!

Manchmal aß ich bei den Schulzes auch zu Abend. Allerdings nur so lange, bis Frau Schulze meiner Mutter eine Rechnung für jede Cola, die ich bei ihnen getrunken hatte, und jedes Stück Brot, das ich bei ihnen gegessen hatte, präsentierte. Danach durfte ich nur noch bei uns essen und trinken. Meine Nachmittage verbrachte ich allerdings weiter »oben« – Hauptsache, Mama hatte ihre Ruhe. Vor allem, wenn Enrico zu Besuch war. Der kam inzwischen nämlich häufiger. Sogar zu meiner Einschulung hatte er sich angekündigt. Ich versuchte zwar wieder, mich vor dem Schuleintritt zu drücken, aber diesmal ließ Mama nicht mit sich reden. »Du bist jetzt sieben. Jetzt musst du!«, bestimmte sie – vermutlich, um mich wenigstens für ein paar Stunden am Tag zuverlässig los zu sein. Trotzdem versuchte sie, mir den Schulstart möglichst schmackhaft zu machen. »Dein Freund Florian ist doch auf deiner Schule. Wenn etwas ist, gehst du einfach zu ihm.«

Das war allerdings ein Argument, mit dem ich etwas anfangen konnte. Ich merkte nämlich ziemlich schnell, dass so ein großer Freund einem Erstklässler einen gewissen Respekt unter den Gleichaltrigen verschaffte. Leider merkte ich ebenfalls ziemlich bald, dass Florian nicht wirklich mein Freund war. Eines Abends stand nämlich seine keifende Mutter vor unserer Wohnungstür. Sie verlangte das Geld, das meine Mutter Florian dafür versprochen hatte, damit er in der Schule auf mich aufpasste. Meine Mutter schwor, dass sie ihm das Geld längst gegeben hätte. Und so schrien sich die beiden Frauen noch eine Weile im Hausflur an, während ich mich in mein Zimmer verkrümelte und mich wie ein Idiot fühlte. Mama musste sogar dafür zahlen, dass sich jemand mit mir abgab. Bei dieser Erkenntnis wurde mir richtig schlecht. War ich so ätzend, dass freiwillig niemand mit mir zu tun haben wollte?

Mir fiel ein, wie Oma das letzte Mal, als ich bei ihr war, die Treppe heruntergekracht war. Danach hatte sie mindestens zehn Minuten am Boden gesessen und vor Schmerzen geweint. Am nächsten Tag hat sie mir den riesigen blauen Fleck gezeigt, den sie sich bei dem Sturz zugezogen hatte. Außerdem fiel mir ein, wie ich meiner Tante neulich Tintenpatronen in ihre Geburtstagstorte geschoben hatte, weil ich so sauer war, dass sie mit ihren Freundinnen alleine feiern wollte und ich nicht mitmachen durfte.

Im ersten Moment fand ich alle diese Aktionen lustig. Aber jetzt fühlte ich mich schlecht. Wahrscheinlich war ich wirklich nicht liebenswert. Schließlich wollte nicht einmal mein echter Vater etwas mit mir zu tun haben. Und mein Stiefvater hatte sich auch nie wieder gemeldet. Ich lag im Bett und konnte mich selbst nicht leiden. Aus ganzem Herzen. Ich fand mich zum Brechen.

Am nächsten Schultag ging Florian mir aus dem

Weg. Er wollte nach dem Streit offensichtlich nichts mehr von mir wissen. Deshalb blieb ich in den Pausen alleine. Nach Schulschluss schlich ich mit gesenktem Kopf auf den großen Parkplatz, wo Mama mich jeden Tag abholte, um mit mir zum Essen zu Oma und Opa zu fahren oder manchmal auch direkt nach Hause.

Doch einmal wartete ich vergeblich auf dem Parkplatz, der leerer und leerer wurde. Mama kam nicht. Irgendwann stand ich ganz alleine da. Panisch blickte ich mich um. Das konnte doch nicht sein! Sofort malte ich mir aus, dass Mama mich nun auch verlassen hatte. Diese Vorstellung bereitete mir solche Angst, dass plötzlich jeder Herzschlag so schmerzte, als wäre mein Herz ein hässlicher kleiner Stein mit unzähligen spitzen Kanten, der mit jedem Schlag an meinem Innersten kratzte.

Da hörte ich plötzlich Schritte. Erleichtert drehte ich mich um – und Florian stand vor mir. Er trat ganz dicht an mich heran. Ich war vor lauter Schreck wie gelähmt. Florian funkelte mich wütend an. »Sag deiner Mutter, dass sie mir gefälligst das Geld geben soll.«

»Aber das hast du doch schon gekriegt!«, stammelte ich weinerlich.

Ich hatte sogar eine Ahnung, was Florian mit dem Geld angestellt hatte: Er hatte nämlich plötzlich nicht mehr bloß Stummel, sondern ganze Zigaretten geraucht. Florian gab mir einen Schubs vor die Brust. Ich taumelte. Dann wimmerte ich: »Du weißt doch, dass wir nicht so viel Geld haben. Was hast du denn damit gemacht?«

Nun wurden Florians Augen zu schmalen Schlitzen.

»Das geht dich einen Scheißdreck an, du Muttersöhnchen.« Dann holte er aus und schlug mir mit einer solchen Wucht in den Magen, dass ich stocksteif umfiel und mit dem Kopf auf den Asphalt klatschte.

Ich hörte einen grellen Schrei und kurz darauf hockte meine Oma neben mir. Später erfuhr ich, dass Mama sie angerufen und gebeten hatte, mich abzuholen. Offenbar hatte jemand (Florians Mutter?) von außen einen Schlüssel in unsere Haustür gesteckt und abgeschlossen, sodass meine Mutter im Hausflur festsaß ... Florians Übergriff war also richtig geplant gewesen! *So* waren die Schulzes!

Seit diesem Vorfall lebte ich in ständiger Panik, einen der Schulzes zu treffen. In den Schulpausen versteckte ich mich. Ebenso auf dem Parkplatz, wenn ich auf Mama wartete. Sobald ich unser Haus betrat, lauschte ich immer erst in den Flur und rannte dann – so schnell ich konnte – nach oben in unsere Wohnung. Genauso machte ich es, wenn ich rauswollte. In diesem Fall schaute ich aber natürlich erst aus dem Fenster, ob sich nicht irgendein Schulze auf der Straße herumtrieb ...

Meiner Mutter kam diese Situation sehr entgegen. Sie hatte ohnehin längst vor, zu ihrem Enrico zu ziehen. Jetzt nahm sie meine ständige Angst zum Anlass, ihre Umzugspläne umzusetzen. Und obwohl ich wirklich kein Freund von Veränderungen war, stimmte ich sofort zu. Ich wollte bloß weg von hier. Auch wenn das bedeutete, dass ich eine neue Schule besuchen würde. Mit neuen Kindern und einer neuen Lehrerin. Ein Horror. Aber wenigstens ein Horror ohne Florian.

Mama schwärmte: »Endlich ein Neustart!« Sie versprach: »Ab jetzt wird alles gut!«

Im Gegensatz zu mir war meine Mutter allerbester Laune. Wir hatten unsere Umzugskartons kaum ausgepackt, da stand Mama schon mit Enrico vorm Traualtar. Unter ihrem Hochzeitskleid zeichnete sich ein kugelrunder Bauch ab. Mama war wieder schwanger.

Die Veränderungen prasselten mit der Geschwindigkeit von Maschinengewehrsalven auf mich ein, sodass ich mit dem Verarbeiten kaum hinterherkam. Gerade hatte ich mich noch gefragt, was das eigentlich für mich bedeutete, wenn jetzt ein Baby kam, da fuhr ich meinen kleinen Bruder Christian schon im Kinderwagen spazieren.

Das war nun also der »Ersatz« für meinen Bruder Stefan? Er sollte die Lücke füllen, die Stefan in meinem Leben hinterlassen hatte? Denn auch wenn wir zu Hause nie über Stefan sprachen – das war die Art meiner Mutter, mit seinem Verlust umzugehen –, so spürte ich doch ständig seine Abwesenheit. Solange Stefan bei mir gewesen war, hatte ich mich nie alleine gefühlt. Jetzt war ich es ständig.

Wenn ich nun meinen neuen Bruder Christian in seinem Kinderwagen betrachtete, wusste ich genau, was dieses Baby für mich bedeutete: Dieser Zwerg drängte mich aus der Familie. Ich habe ihn gehasst. Vater, Mutter, Kind – und Stiefsohn? Das klang doch schon schief. Mama kümmerte sich nur noch ums Baby. Wenn der kleine Schreihals schlief, war Enrico dran. Für mich blieb keine Zeit mehr.

Zum Glück fand ich diesmal wenigstens in der Schule schnell Anschluss. Dass ich trotzdem nicht gerne hinging, lag vor allem daran, dass ich im Unterricht schlecht mitkam. In Deutsch musste ich in der dritten Klasse sogar den Förderkurs besuchen. Wenn ich Mama am Nachmittag um Hilfe bei den Hausaufgaben bat, dauerte es keine fünf Minuten und sie pfefferte mir wütend das Heft um die Ohren, weil ich für ihren Geschmack nicht schnell genug kapierte, was die Lehrer von mir wollten.

»Er ist halt nicht so schlau«, hörte ich sie sagen.

Aha. Doof war ich also auch noch.

Ich fragte mich, ob es nicht irgendetwas Nettes an mir gab. Aber anscheinend nicht. Als uns Enricos Mutter, meine neue Stiefoma, zum ersten Mal besuchte, zeigte sie deutlich, dass sie mich so überflüssig fand wie ein Magengeschwür. Leider kam sie bald häufiger zu Besuch, weil Mama und Enrico begannen, sich ein paar Dörfer weiter ein Haus zu bauen. Angeblich wollte sie uns unterstützen. Ich hatte allerdings eher das Gefühl, sie war gekommen, um ihren gesamten Lebensfrust an mir abzulassen. Ständig kommandierte sie mich herum und zwang mich, Sachen zu essen, die mir nicht schmeckten. Irgendwann hatte ich genug. Ich wurde bockig und weigerte mich, weiter das zu tun, was diese garstige alte Frau von mir verlangte. Sie war ja nicht einmal meine richtige Oma! Ich hatte gehofft, dass Mama sich auf meine Seite stellen würde. Dass sie dafür sorgen würde, dass ich nicht weiter irgendwelche ekelhaften Reste essen müsste. Aber Mama hörte mir gar nicht zu. Stattdessen schlug sie mir mit der flachen Hand ins Gesicht. Dann zerrte sie mich hinter sich her in mein Kinderzimmer, wo sie mich wie von Sinnen auf mein Bett schleuderte. Meine Mutter betrachtete mich mit so viel Abscheu, dass mir beinahe die Luft wegblieb. Sie zischte: »Wenn du weiter so nervst, bringen wir dich ins Kinderheim. Das schwöre ich dir.«

Es war zwar nicht das erste Mal, dass ich diese Drohung hörte. Aber es war das erste Mal, dass ich spürte, dass meine Mutter sie ernst meinte. Sie wäre mich am liebsten los. Die einzige Person, die bislang immer für mich da gewesen war ... Ich fühlte mich unendlich alleine auf der Welt. Ein störender Fremdkörper in ihrer kleinen glücklichen Familie. Wie diese fetten Brummer, die immer so lästig um einen herumschwirrten und bei denen man froh war, wenn sie irgendwann tot auf der Fensterbank lagen. Ich war der Brummer.

Weil ich durch den Hausbau schon wieder die Schule wechseln sollte, freute ich mich, als ich auf der Baustelle Sven kennenlernte. Er war so alt wie ich und ging auf meine neue Schule, mit etwas Glück würde ich sogar in seine Klasse kommen. Wenn ich nicht gerade Hausaufgaben machte oder Christian im Kinderwagen durch die Gegend schob, baute ich mit Sven Sandburgen oder gigantische Sandparkhäuser für unsere Autos. Auch er lebte in einer sogenannten Patchwork-Familie. Allerdings war das bei ihm deutlich sichtbar: Sven war dunkelhäutig – als Einziger in seiner Familie –, weil sein leiblicher Vater aus Kenia stammte.

Mich interessierte seine Hautfarbe nicht. Meine Eltern dagegen schon! Ständig machten sie irgendwelche Witze. So nach dem Motto: »Was ist beim Neger weiß? Der Besitzer! Ha, ha!«

Ich ignorierte ihre Sprüche. Sven war der beste Freund, den ich jemals hatte. Er war freundlich und lustig und half mir sehr bei meinem Einstieg in die neue Klasse – ebenso meine Lehrerin Frau Armaro. Auch sie war ein Glücksfall, denn sie erkannte als Erste, warum ich in der Schule bislang so versagt hatte: »Timo ist nicht dumm, er ist nur faul.«

Deshalb lobte sie mich ausgiebig, wenn ich etwas gut gemacht hatte, und schenkte mir sogar Gummibärchen für besonders gute Leistungen. Das spornte mich an – ich wurde tatsächlich besser in der Schule. Endlich war ich nicht mehr nur auf meine Mutter und mein Zuhause fixiert – jetzt gab es auch Frau Armaro, meine Mitschüler und es gab Sven. Meinen besten Freund. Im Gegensatz zu mir war er eine echte Sportskanone. Schon dafür bewunderte ich ihn. Bei meinen Eltern schwärmte ich beim gemeinsamen Abendessen: »Sven ist der absolute Meister im Weitsprung von der Schaukel! Er springt sogar weiter als die Jungs aus den höheren Klassen.« Ich lachte in mich hinein beim Gedanken daran, wie zerknirscht die älteren Jungs heute in der Schule geguckt hatten, als Sven sie alle übertrumpft hatte.

Enrico hob wenig beeindruckt seine Augenbrauen. Dann stichelte er: »Wenn du das nächste Mal mit Sven spielst, frag ihn doch gleich mal, ob er nicht deine Schuhe putzen will.«

Mama prustete los und fiel fast vom Stuhl vor Lachen. Und auch wenn ich den Spruch nicht irre lustig fand, brachte ich ihn doch am nächsten Tag im Unterricht an – in der Hoffnung auf ein paar Lacher meiner Mitschüler. Die blieben allerdings aus. Stattdessen herrschte eisiges Schweigen. Frau Armaro sah mich strafend an. Und Svens verletzten Blick werde ich wohl nie vergessen.

Am nächsten Tag wurde meine Mutter zum Gespräch mit dem Schuldirektor gebeten. Als sie davon nach Hause kam, sperrte sie mich in mein Zimmer, wo ich bis zum Abend bleiben musste. Bei Enrico fand sie den Spruch lustig – auf mich war sie nun stinksauer. Das verstand ich nicht.

Mit einer Tafel Schokolade sollte ich mich am nächsten Schultag bei Sven entschuldigen. Das tat ich auch. Und ich meinte meine Entschuldigung ganz ernst. Ich hatte ihn nicht verletzen, sondern wirklich nur einen Scherz machen wollen. Trotzdem hatte unsere Freundschaft seit dieser Sache einen Riss. Wir verbrachten deutlich weniger Zeit miteinander und bald hatten wir beide neue Spielkameraden. Auch meine Lehrerin Frau Armaro verhielt sich seit dem Vorfall reservierter mir gegenüber. Das fand ich mindestens so traurig wie das Scheitern meiner Freundschaft mit Sven.

Um Frau Armaro wieder zu gefallen, strengte ich mich in der Schule nun noch mehr an – und schaffte so tatsächliche eine Gymnasialempfehlung. Ich platzte fast vor Stolz. Meine Lehrerin lud meine Mutter zu einem Gespräch ein und schlug ihr vor, dass ich ein nahe

gelegenes katholisches Gymnasium besuchen sollte.
»Das ist ein bisschen kleiner und übersichtlicher. Genau der richtige Platz für einen so sensiblen Jungen wie Ihren Timo«, meinte Frau Armaro.

Ich war selig. *Ich* sollte aufs Gymnasium gehen. *Ich.* Der Junge aus dem Deutsch-Förderkurs, den alle nicht besonders schlau fanden.

Allerdings hatte die Sache einen Haken: Um das katholische Gymnasium zu besuchen, müssten meine Mutter und ich uns taufen lassen. Hätte ich sofort gemacht. Leider hatte meine Mutter keine Lust auf diesen »Humbug«. Schließlich war sie schon wieder schwanger und voll davon in Anspruch genommen, das neue Babyzimmer einzurichten. Diesmal in Rosa. Es sollte nämlich ein Mädchen werden: Vanessa.

Die Schulempfehlung meiner Lehrerin hatte sie deshalb schon aus dem Gedächtnis gestrichen, als sie Frau Armaro zum Abschied die Hand reichte. Stattdessen meldete mich Mama einfach in dem nächstgelegenen Oberstufenzentrum an, wo es eine Orientierungsstufe gab. Das hieß: Ich musste mich erneut beweisen. Und das, obwohl ich die Gymnasialempfehlung doch schon in der Tasche hatte! Ich war unendlich frustriert. Noch dazu war das Oberstufenzentrum riesig. Wie eine kleine Stadt. Eine Kinderstadt, in der sich nur vereinzelt mal ein paar Lehrer sehen ließen. Schon alleine der Fahrradparkplatz war so riesig und unüberschaubar, dass ich überzeugt war, mein Rad nach Schulschluss niemals wiederzufinden. Überall drängten sich Schüler. Sie strömten in das Gebäude, flossen durch die Gänge, verteilten sich auf dem Schulhof. Schon bei dem Anblick dieser Schülermassen bekam ich Herzrasen. Wie sollte ich hier jemals meinen Klassenraum finden? Oder irgendjemanden, den ich kannte? Am liebsten wäre ich davongelaufen.

Die neue Schule erschien mir wie ein unkontrollierbarer Koloss. Deshalb wunderte ich mich überhaupt nicht, als ich am zweiten Schultag von einem grausamen Begrüßungsritual hörte, das hier offenbar üblich war: die sogenannte Taufe. Angeblich schnappten sich die älteren Hauptschüler, die mit uns im selben Gebäudekomplex untergebracht waren, jeden Neuling, den sie erwischen konnten, und steckten ihn kopfüber ins nächste Schulklo. Dann spülten sie so lange, bis der »Täufling« keine Luft mehr bekam und in Todesangst nur noch spuckte und röchelte. Obwohl die Lehrer genau gewusst haben mussten, was da in den Toiletten passierte, setzten sie dem Treiben kein Ende. Seit ich diese Geschichte kannte, sah ich ständig pitschnasse und verheulte Jungen durch die Gänge laufen – und schon wieder war ich auf der Flucht. Allerdings hatte ich darin anscheinend inzwischen so viel Übung, dass sie mich zum Glück tatsächlich nie erwischten. Trotzdem lernte ich etwas durch dieses brutale Tauf-Ritual: Du kannst hilflos sein, auch wenn du von vielen Menschen umgeben bist. Letztendlich bist du alleine. Ganz, ganz alleine. Dieses Gefühl hatte ich sowohl in der Schule als auch zu Hause. Und es wurde noch verstärkt, kaum dass meine kleine Schwester Vanessa auf die Welt gekommen war. Meine Mutter war mit zwei kleinen Kindern nämlich absolut überfordert. Das bedeutete: Ich war komplett auf mich alleine gestellt.

Eine ziemlich beunruhigende Erkenntnis für einen Elfjährigen.

Aber eine, die mein Leben permanent bestätigte. Wenn sich beispielsweise Enrico über mich lustig machte, stellte sich Mama nie vor mich. Ganz im Gegenteil. Sie machte sogar noch mit.

Als wir einmal ein Tretboot gemietet hatten und damit ziemlich weit rausgefahren waren, bekam ich plötzlich Panik. »Können wir bitte zurück?«, bettelte ich.

Da meine Stimme schon wieder leicht weinerlich klang, reagierte Enrico prompt: »Oh, hat unser Mädchen wieder Angst?« Aber anstatt zurück in Richtung Land zu steuern, versuchte er, das Boot zum Schaukeln zu bringen.

Als ich schließlich weinte, stöhnte meine Mutter: »Mann, Timo, bist du eine Heulsuse!«

Wenn meine Mutter mich attackierte, beschützten mich nicht einmal meine Großeltern. Schließlich wollten sie sich nicht einmischen. Es wollte sich nie jemand einmischen. Zumindest nicht für mich.

Sogar als ich massive Probleme in der Schule bekam, hoffte ich vergeblich auf die Unterstützung meiner Mutter. Dabei war ich für sie eigentlich ein bequemer Schüler. Meine Hausaufgaben bekam ich inzwischen prima alleine hin. Mein Problem war nur: Ich war zu ehrgeizig. Ich wünschte mir so sehr, es auf ein normales Gymnasium zu schaffen, dass ich in jeder freien Minute lernte. Nach Klassenarbeiten konnte ich es kaum erwarten, mein Ergebnis zu erfahren. Manchmal ging meine Ungeduld so weit, dass ich sogar bei meinen Lehrern zu Hause anrief, um sie zu löchern, welche Note ich hätte. Vor Klassenarbeiten war es noch schlimmer. Da war ich einige Male so aufgeregt, dass ich mich übergeben musste. Wenn ich daraufhin ins Sekretariat geschickt wurde und meine Mutter mich abholen sollte, war die stinksauer auf mich. Nach dem fünften oder sechsten Mal fuhr sie von der Schule aus direkt zum Arzt. »Der soll dir jetzt mal was verschreiben! Irgendwelche Psychopillen. Du bist ja nicht normal«, schimpfte sie.

Aber mein Kinderarzt Dr. Müller dachte gar nicht daran, mir irgendwelche »Psychopillen« zu verschreiben. Stattdessen bat er meine Mutter vor die Tür, um sich ausführlich mit mir unterhalten zu können. Es war mir beinahe unangenehm, dass mir plötzlich ein Erwachsener zuhörte. Dazu noch ein Arzt! Aufmerksam betrachtete er mich. Nach unserem Gespräch strich er mir über den Kopf und bat meine Mutter zurück ins Zimmer. Er erklärte ihr: »Ich vermute, Ihr Junge ist hochbegabt. Diese Kinder haben häufig besondere Schwierigkeiten in der Schule. Sie sollten ihn testen lassen.«

Damit übergab er meiner Mutter eine lange Liste mit Psychologen, die sie achtlos in ihre Tasche stopfte. Ich spitzte die Ohren. Hochbegabt? Hieß das eventuell, dass ich nun doch aufs Gymnasium durfte? Ich war ganz aufgeregt. Aber noch auf dem Weg zum Auto zerstörte meine Mutter meine Hoffnung: »Pass mal auf, Timo.

Du reißt dich jetzt einfach mal zusammen. Dann klappt das schon. Psychologe! Hochbegabt! Der spinnt wohl!«

Das war's. Meine Mutter hatte überhaupt keine Lust, sich die Mühe zu machen, mit mir so einen Psychologen aufzusuchen. Sie wollte sich für mich einfach überhaupt keine Mühe machen. Ich war ihr egal.

2

»*Der Einstieg in die rechte Szene kann viele Gründe haben: Rechte Musik und zunehmend Social Media spielen dabei eine entscheidende Rolle, indem sie Tendenzen zu rechten Gedanken aufgreifen und verstärken. Mit hasserfüllten und menschenfeindlichen Inhalten werden HörerInnen/LeserInnen im Sinne einer rechten Ideologie politisiert.*

Weil sowohl Musik als auch Social Media für Jugendliche in ihrem Alltag sehr wichtig sind, nutzen Rechtsextreme beides gezielt als Propagandamittel, um Anhänger zu gewinnen. Damit macht sich die Szene attraktiv: Ob Rock, Hardcore, Metal, Hip-Hop, Rap, Techno oder Liedermacher – es gibt fast jeden Musikstil auch in rechtsextrem. Deutschland hat eine der weltweit größten rechtsextremen Musikszenen, Tendenz: steigend. Deshalb ist Musik auch als finanzielle Quelle für die Szene sehr wichtig.«

Kurswechsel – Ausstiegsarbeit Rechts

Das Verhältnis zu meiner Mutter veränderte sich ausgerechnet in dem Moment, als ich mich das erste Mal gegen sie stellte. Ich war inzwischen zwölf Jahre alt. Meine Mutter hatte durch einen Zufall ihre Jugendliebe Robert wiedergetroffen. Einen einfachen Kerl. Arbeitslos wie sie. Aber gutmütig und freundlich. Kaum war er aufgetaucht, verlegte Mama mal wieder ihren Schlafplatz vom Schlafzimmer ins Wohnzimmer. Ich wusste sofort, was das bedeutete, schließlich hatte ich Mamas Schlafzimmer-Wohnzimmer-Wechsel nun schon häufiger miterlebt – und ich war entsetzt. Wir waren endlich wieder eine Familie. Nicht unbedingt eine Bilderbuchfamilie, aber irgendwie hatte doch jeder seinen festen Platz. Wie konnte sie all das nun wieder zerstören? Christian war gerade mal vier, Vanessa sogar erst zwei Jahre alt. Warum nahm sie ihnen ihre heile Welt?

Enrico ahnte wohl auch, was ihm bevorstand. Er fiel in sich zusammen wie ein alter Luftballon. Der große, polternde Enrico. Plötzlich wirkte er weinerlich und schwach. Es dauerte nicht lange und Robert stand mit einem Laster vor unserer Haustür, um uns alle einzuladen: Mama, Christian, Vanessa und mich. Meine Mutter ging selbstverständlich davon aus, dass ich mit ihr ziehen würde. Doch zu ihrer großen Überraschung weigerte ich mich. Zum allerersten Mal setzte ich mich gegen meine Mutter zur Wehr.

»Ich bleibe bei Enrico«, verkündete ich mit ernster Miene und verschränkten Armen.

Mein Stiefvater sah mich erst überrascht – und dann unendlich dankbar an. Es war, als würde ich, der kleine Timo, diesem baumhohen Kerl plötzlich Halt geben. Er straffte die Schultern. Dadurch fühlte ich mich stark. So stark wie noch nie zuvor in meinem Leben. Mutig sah ich meiner Mutter ins Gesicht. Die schüttelte den Kopf. Erst befahl sie mir streng, nun endlich in den Lkw einzusteigen. Als sie damit nicht weiterkam, änderte sie ihre Taktik – darin war sie ja geübt – und versuchte, mich zu überreden: »Du bekommst auch ein viel schöneres Zimmer bei Robert. Ich hätte sogar wieder mehr Zeit für dich, weil Robert mich viel besser unterstützen kann.«

Aber ich ließ nicht mit mir reden: »Ich bleibe bei Enrico!«

Mama seufzte. Schließlich stieg sie ohne mich ein. Durch unser Küchenfenster verfolgte ich ihre Abfahrt und fühlte mich elend. Merkwürdig verloren und einsam. Trotzdem redete ich mir ein, die richtige Entscheidung getroffen zu haben. Ich wollte Mamas Beziehungschaos nicht mehr mitmachen. Schon wieder hatte sie eine Ehe beendet und damit eine Familie zerstört. Ich hatte keine Lust, noch einmal irgendwo neu anzufangen. Diesmal mit Robert, meinem Stiefvater Nummer drei …

Meinem Stiefvater Nummer zwei gefiel das natürlich. Enrico nahm mich mit offenen Armen auf. Allerdings war er kein wirklich liebevoller Vater. Natürlich nicht. Das war er schließlich noch nie gewesen. Ständig zog er durch die Kneipen und kam erst spät in der Nacht betrunken nach Hause. Beim Frühstück schilderte er mir dann detailliert, was er in der vergangenen Nacht mit welcher Frau in welcher Stellung erlebt hatte. Das fand ich einerseits natürlich spannend, zumal ich gerade in dem Alter war, in dem Sex interessant wurde. Aber es trug natürlich nicht dazu bei, mich bei Enrico behütet oder gut aufgehoben zu fühlen. Stattdessen schwankte ich ständig zwischen Abscheu, Faszination, Bewunderung und Enttäuschung.

Leider lief unser WG-Leben auch sonst nicht wirklich reibungslos. Ständig gab es Streit darum, wer von uns für den Haushalt zuständig ist. Deprimierendes Ergebnis: offenbar keiner. Dementsprechend sah es bei uns auch aus. So voll unser Wäschekorb und die Spüle stets waren, so leer war unser Kühlschrank. Gekocht wurde ohnehin nie. Immer gab es nur Brot. Sogar an Heiligabend. Es war ein trauriges Fest. Eines, das den Namen Fest überhaupt nicht verdiente. Mir fehlten meine Großeltern und meine Tanten. Vor allem aber vermisste ich Mama und überraschenderweise sogar meine beiden Geschwister. Durch sie war es bei uns zu Hause immer lebhaft, laut und fröhlich gewesen. Ganz egal, wie die Stimmung der Erwachsenen war. Sogar Christian, die kleine Nervensäge, fehlte mir. Ich stellte mir vor, wie die Kleinen mit leuchtenden Augen um den Weihnachtsbaum sprangen und ihre Geschenke auspackten. Ich hatte von Enrico ein Taschenmesser bekommen. Immerhin. Er versuchte wirklich, mir ein guter WG-Partner zu sein. Aber er war eben kein Vater. Keiner, der mich mal in den Arm nahm. Keiner, der sich wirklich für mich zuständig fühlte.

Gleich am ersten Weihnachtsfeiertag fuhr Enrico mit einem Kumpel in den Urlaub. Wieder auf Weibertour, wie er es nannte. Darauf beschränkten sich dann auch seine Erzählungen, wenn er zwischendurch mal anrief. Ich vertrieb mir die Zeit damit, vor dem Fernseher zu sitzen oder Feuerzeuge in unseren Kamin zu schmeißen und darauf zu warten, dass sie explodierten. Dabei fühlte ich mich noch einsamer, als ich mich ohnehin ständig fühlte. Nach ein paar Stunden hielt ich es dann nicht mehr aus. Kleinlaut wählte ich die Nummer meiner Mutter. Sie hob schon nach dem zweiten Klingeln ab.

»Timo! Wie schön, dass du anrufst! Ich wünsche dir frohe Weihnachten.«

Ihre Stimme überschlug sich beinahe. Ich hätte ja nie gedacht, dass Mama sich so über mich freuen würde! Zum ersten Mal seit Ewigkeiten nahm sie sich Zeit für mich und hörte mir zu.

»Ach, mein armer Schatz! Und jetzt sitzt du alleine im Haus?«

Schon ihre Worte toppten in diesem Moment jeden Gänsebraten mit Rotkohl und Klößen. Sie umhüllten mich wie der wohlige Duft frisch gebackener Plätzchen und ich dachte: *Sooo schlecht ist meine Mutter gar nicht. Offenbar hatte sie mich vermisst. Mich. Timo.*

Sie versprach, mich gleich am nächsten Morgen abzuholen. »Nach Hause. Wo du hingehörst«, wie sie es nannte.

Pünktlich zur verabredeten Zeit stand Stiefvater Nummer drei, Robert, mit seinem Laster vor meiner Haustür. Ich hatte ein schlechtes Gewissen, weil ich mich so klammheimlich davonschlich, ohne Enrico etwas davon zu sagen. Aber Mama zerstreute meine Bedenken: »Ach, Quatsch! Der ist nicht mal dein Vater. Außerdem hat er sich noch nie besonders für dich interessiert.« Dann nahm sie mich lächelnd in die Arme. »Schön, dass du wieder bei uns bist!«

An diesem Abend setzte sie sich, als meine Geschwister schliefen, mit mir an den Küchentisch, um zu quatschen. »Meine Mutter muss wirklich froh sein, dass ich wieder da bin«, dachte ich beeindruckt. Schließlich hatte sie bislang noch nie besonders viel Wert darauf gelegt, sich mit mir zu unterhalten.

»Und wie war es mit Enrico?«, wollte sie wissen.

»Och«, entgegnete ich gedehnt. »Ständig gab es Streit, wer sauber machen sollte. Enrico hat sich um nichts gekümmert.«

Mama lachte auf. »Das sieht ihm ähnlich. Der macht im Haushalt ja keinen Finger krumm.«

Aufmerksam sah sie mich an. Das spornte mich an, weitere Geschichten zu erzählen: »Und gekocht hat er auch nie. Immer gab es nur Brot mit Aufschnitt.«

»Lass mich raten!«, unterbrach mich meine Mutter. »Mit Salami. Stimmt's?«

Ich nickte. Und lächelte. Denn ich spürte, dass ich ihr mit jeder weiteren Lästerei über Enrico näherkam. Es war, als könnte ich mir damit ihre Aufmerksamkeit erkaufen. Als könnte ich sie damit vergessen lassen, dass ich mich vor ein paar Wochen für Enrico und gegen sie entschieden hatte. Ich wollte ihr unbedingt meine Loyalität beweisen. Deshalb gab ich mir Mühe, auch die kleinste Geschichte möglichst aufzubauschen, um sie meiner Mutter als weiteres Drama zu präsentieren. Am Abend lag ich dann auf dem Sofa und freute mich, dass Mama mir so viel Beachtung geschenkt hatte. Ich hoffte, ihr dadurch endlich wieder näherzukommen. So nah wie früher. Als wir alleine lebten. Deshalb verdrängte ich das schlechte Gewissen, das ich Enrico gegenüber hatte. Das hatte er nicht verdient, dass ich so schlecht über ihn redete. Er wunderte sich bestimmt schon darüber, warum er mich zu Hause nicht erreichte ...

Unmittelbar nach Silvester, sobald er aus dem Urlaub zurück war, rief er prompt bei meiner Mutter an. Die schmierte ihm sofort gehässig aufs Brot, dass ich nun wieder bei ihr wohnen würde. Dann winkte sie mich dazu und stellte auf laut.

Enrico sagte erst einmal gar nichts. Ich hörte ihn schnaufen. Dann polterte er: »Dein Bengel war mir eh nur ein Klotz am Bein. Ich bin froh, dass er mir nun nicht mehr auf der Tasche liegt.«

Aber ich hörte es ganz deutlich: Seine Stimme klang traurig. Ich fühlte mich elend und war froh, dass Enrico kurz darauf auflegte.

Mama strahlte mich an. Mein schlechtes Gewissen war der Preis für ihr Lächeln.

Damit ich nicht länger auf dem Sofa schlafen musste, räumten Mama und Robert das frisch eingerichtete Spielzimmer meiner Geschwister leer. Gut, dass dieses Häuschen vier Zimmer hatte!

»Timo braucht noch einen Schreibtisch«, erklärte Mama. Dann sah sie stolz zu mir. »Er wird nach den Sommerferien aufs Gymnasium gehen.«

Tatsächlich waren meine Noten so gut, dass diese Hoffnung berechtigt war. Robert nickte beeindruckt. »Oh, ein Interlektueller.«

Mama zog ihre Stirn kraus. »Genau, Robert. Ein Interlektueller. Ganz anders als du.« Genervter Blick zu mir: »Robert hat gerade mal so den Realschulabschluss geschafft.« Lautes Auflachen. »Seine Noten müsstest du mal sehen!«

Ich wurde hellhörig. Was waren denn das für Töne? Anscheinend hatte Robert hier nicht viel zu melden. Ganz ehrlich: Enrico konnte gerade mal einen Hauptschulabschluss vorweisen – über den hatte sie sich nie beschwert. Außerdem hatte Mama außer ihrem Abitur selbst nie etwas auf die Reihe bekommen. Trotzdem war Robert hier offenbar zum Abschuss freigegeben. Ich musste mich zum ersten Mal nicht von ihrem Lebensgefährten unterdrücken lassen. Wann immer Robert ein Fremdwort falsch benutzte oder sich sonst irgendwie schief ausdrückte, fielen meine Mutter und ich über ihn her. Wenn er sich über mein Verhalten beschwerte, bekam er sofort von Mama eins übergebügelt. Und wie! »Na los, zieh doch aus. Mal schauen, wie du alleine klarkommst. Du Niete.«

Zum ersten Mal bildete ich mit meiner Mutter ein Team. Kein nettes. Keines, auf das man stolz sein konnte. Aber immerhin: ein Team. Und nur das zählte. Das hatte ich mir schließlich schon mein ganzes Leben lang gewünscht.

Für mich verlief mein Leben also insgesamt so rosig wie noch nie zuvor. Das Verhältnis zu meiner Mutter entwickelte sich beinahe zu so etwas wie Freundschaft. Ich konnte mir meinen Traum erfüllen und endlich das Gymnasium besuchen, wo ich so viele Freunde fand, dass ich ständig mit irgendwem verabredet war. Fürs Lernen blieb mir da keine Zeit mehr. Leider merkte man das meinen Noten ziemlich schnell an. Ruckzuck segelten die ersten Fünfen ins Haus. Es war fast wie früher, zu Beginn meiner Schullaufbahn – die reinste Noten-Achterbahnfahrt. Gerade ging's nur noch bergab, weil mir plötzlich der Ansporn fehlte. Ich hatte den Ehrgeiz gehabt, es aufs Gymnasium zu schaffen. Das hatte ich erreicht. Und nun? Nun fehlte mir ein Ziel.

Meiner Mutter war es egal, welche Noten ich nach Hause brachte. Sie hatte ihre Mutterrolle inzwischen komplett aufgegeben und gab weiter meine gute Freundin. Ohne mit der Wimper zu zucken, unterschrieb sie jede neue schlechte Arbeit. In der Schule gab ich damit an. Da ging es ja ohnehin nur noch darum, möglichst cool zu wirken. Das fiel den Sportcracks mit den angesagten Klamotten naturgemäß etwas leichter als mir – dem Pummelchen in den Billigklamotten. Dementsprechend stolz war ich darauf, in meiner Klasse trotzdem Anerkennung zu bekommen. Ich war lustig. Selbst die Lehrer mussten oft über den Unsinn lachen, den ich in der Klasse von mir gab. (Auch wenn sie das nicht daran hinderte, mir anschließend schlechte Noten zu geben.) Egal. Ich feierte mein neues Leben ziemlich ausgelassen. Für Hausaufgaben und diesen ganzen Familienkram hatte ich keinen Nerv mehr. Hey, ich befand mich auf dem besten Weg, ein Mann zu werden! Mit dreizehn war ich Gast auf jeder Party und fing – als Zeichen meiner unendlichen Coolness – an zu rauchen und literweise Bier zu trinken. Bei einer dieser Partys hatten wir die glorreiche Idee, auf den nahe gelegenen Spielplatz zu gehen, um Schaukel-Weitsprung zu machen – wie mit meinem Schulfreund Sven früher. Ohnehin nicht besonders geschickt und durch den Alkohol noch weniger standfest, knickte ich aber leider schon bei der ersten Landung um. Damit war die Party vorbei. Nachts um zwei Uhr holte mich der Rettungswagen ab und brachte mich ins nächste Krankenhaus. Die Diagnose: Außenknöchelfraktur und ein angebrochener Innenknöchel. Das bedeutete: Ich musste bis auf Weiteres im Krankenhaus bleiben. Nun hatte ich ein bisschen Sorge, dass meine Mutter vielleicht doch wütend werden könnte. Mit dreizehn volltrunken auf einer Party – das war vermutlich nicht der Traum aller Mütter ...

Aber meine nahm das ganz locker. Sie besuchte mich beinahe täglich im Krankenhaus und brachte mir sogar Zigaretten mit. »Verbote bringen eh nichts«, meinte sie und ich dachte: *Ich habe wirklich die coolste Mutter der Welt.* Mal wieder nahm ich mir vor, alles dafür zu tun, dass sie mich auch für den coolsten Sohn der Welt hielt.

Als ich nach zwei Wochen endlich entlassen wurde, war ich natürlich noch nicht besonders gut zu Fuß unterwegs. Meine Mutter musste mich also ständig durch die Gegend kutschieren, was sie neuerdings aber gerne tat. Als wir gerade auf dem Weg zum Orthopäden waren, der etwa dreißig Kilometer von unserem Wohnort entfernt lag, sagte sie: »Hol doch mal eine CD aus dem Handschuhfach.« Wir hatten eine bunte Mischung dabei: Abba, Guano Apes, Metallica, Hits der 80er, Wolfgang Petry. Aber egal, was ich ihr vorschlug, Mama verzog ihr Gesicht. »Ne! Such mal weiter!«

Dann fischte ich eine selbst gebrannte CD hervor, die nicht beschriftet war. Ich schob sie in unseren CD-Player und lauschte. Zuerst rauschte es nur. Dann begann ein Mann eher zu brüllen als zu singen. Was war das denn? Plötzlich schallten Worte wie »Judensau« oder »Deutsches Reich« durch unser Auto. Entsetzt schaute ich zu meiner Mutter rüber, die laut auflachte. »Das ist ja cool! Die Musik habe ich früher gehört, als ich so alt war wie du.« Sie strahlte bis über beide Ohren und begann sofort mitzusingen.

»Und wie heißt die Band?«, fragte ich vorsichtig.

Mama nannte mir lauter Namen, die ich noch nie zuvor gehört hatte: *Landser, Kraft durch Froide, Tonstörung, Kraftschlag*. Dabei sah sie so glücklich aus, wie ich sie noch nie zuvor gesehen hatte. Und irgendwie steckte mich ihre überschwängliche Freude an. Sie schwärmte von ihrer Jugend, erzählte von verbotenen Aktionen und ersten Lieben, von tollen Konzerten in Abrisshäusern oder zwielichtigen Spelunken. Ich musste lachen. Meine Mutter! Sie hörte gar nicht mehr auf zu reden. Und je mehr ich nachfragte, desto lebhafter wurden ihre Schilderungen. Dabei wurde mir langsam klar, dass meine Mutter offenbar in der Skinhead-Szene unterwegs gewesen war. Inzwischen war ich alt genug, dass ich mit diesem Begriff zumindest ungefähr etwas anfangen konnte. Außerdem erfuhr ich, dass meine Mutter eigentlich eine sehr ähnliche Kindheit wie ich erlebt hatte. Auch sie hatte ihren leiblichen Vater nie kennengelernt. Angeblich, weil er einen Mann angezündet hatte und deshalb ins Gefängnis musste. Ihre Mutter, also meine Oma, hatte sich dann ziemlich schnell einen anderen Mann geangelt, mit dem sie irgendwann meine Tanten bekam. Meine Mutter fühlte sich in dieser Familie genauso überflüssig wie ich mich früher. Deshalb floh auch sie – so oft sie konnte – zu ihren Großeltern. Und jetzt wurd's richtig spannend: Mamas Opa, also mein Uropa, war auch lange nach dem Krieg noch ein überzeugter Nazi. Als ehemaliges Mitglied der Waffen-SS feierte er beispielsweise jedes Jahr am 20. April »Führers«, also Adolf Hitlers Geburtstag. Selbstverständlich zusammen mit meiner Mutter. Dazu gruben die beiden alljährlich irgendwelche verbotenen Abzeichen und Fotos aus einem Erdloch im Garten hinter dem Haus aus, die meine Urgroßeltern dort versteckten, damit sie keinen Ärger bekamen. Meine Uroma legte ihrem Mann bei dieser doch sehr fragwürdigen Erziehung seiner Enkelin übrigens keine Steine in den Weg, wie meine Mutter behauptete. Selbst mit fünfundneunzig war einer ihrer Lieblingssprüche: »Als Opa noch im Verein war, war alles besser. Da hat es so etwas nicht gegeben. Die hätten denen schon Manieren beigebracht.« Mit »Verein« war die NSDAP gemeint, also Hitlers Nationalsozialistische Deutsche Arbeiterpartei. An Uromas Spruch kann ich mich sogar noch erinnern – allerdings konnte ich ihn früher natürlich nicht einordnen ...

All das offenbarte mir Mama auf dieser Autofahrt.

Ich war fasziniert. Zwar wusste ich, dass die Nazis irgendwie die Bösen gewesen waren, aber Genaueres wusste ich nicht. Und weil Mamas Augen so leuchteten, lief mir ein Schauer über meinen Rücken. Ein schaurig-schöner Schauer.

Zwischendurch drehte Mama immer mal den Lautstärkeregler hoch und rief: »Hör mal!« Dabei kicherte sie ausgelassen, wenn die Lieblingsbands ihrer Jugend von »brennenden Juden« oder »kriminellen Kanaken« sangen. Ganz automatisch begann ich, mit ihr zusammen im Takt zu wippen. Dabei hätten die Lieder ebenso gut von Außerirdischen oder Sahne-Sanddorn-Torten handeln können. Mir ging es lediglich um das Gefühl der Verbrüderung mit meiner Mutter – die Inhalte waren mir schnurzpiepegal. Ich fand es allenfalls schade, nicht mit ihr mitsingen zu können. Aber das sollte sich bald ändern.

Angespornt durch dieses besondere Erlebnis mit meiner Mutter, begann ich, im Internet nach Rechtsrock zu suchen, also nach genau der Musik, die Mama mir im Auto vorgespielt hatte. Dabei stellte ich fest, dass es gar nicht so einfach war, an die entsprechenden Titel zu kommen. Die meisten Bands waren verboten und ihre CDs dementsprechend nicht einfach so herunterzuladen. Nun war mein Ehrgeiz geweckt. Mit derselben Zielstrebigkeit und Ausdauer, mit der ich vor gut einem Jahr um meine Gymnasialempfehlung gekämpft hatte, setzte ich jetzt alles daran, an Rechtsrock zu kommen.

Meine ersten verbotenen Titel bekam ich auf sogenannten LAN-Partys. Die waren zu dieser Zeit ziemlich angesagt. Ein paar Jungs schlossen ihre Computer zusammen, um sich dann gegenseitig in irgendwelchen Ballerspielen abzuschießen. Dazu gab es Chips und Cola. Und als Pausen-Schocker wurden dann eben auch mal rechte Lieder gespielt. Nicht, weil wir sie gut fanden. Aber sie waren so schön verboten. Meistens pressten wir uns dann kichernd die Hände vor den Mund angesichts der schockierenden Textpassagen. Keiner meiner Kumpels ahnte, dass ich genau diese Lieder bereits sammelte. Allerdings reichten mir die paar Lieder natürlich nicht aus. Ich wollte *alle,* um ständig und immer wieder aufs Neue meiner Mutter imponieren zu können. Sobald ich ihr nämlich meine neuesten Errungenschaften vorspielte, schwelgte sie entweder in Erinnerungen oder gab sich schwer beeindruckt: »Wow, Timo! Wo hast du das denn her?« Mit jedem neuen Titel stieg ich in ihrer Achtung. Demnächst würde sie mir vermutlich ein Denkmal setzen. Endlich schien ich der Sohn zu werden, den meine Mutter sich gewünscht hatte.

Für mich gab es seitdem kein anderes Thema mehr. Sobald ich aus der Schule nach Hause kam, setzte ich mich an den Rechner und durchforstete das Internet. Dabei landete ich in Chatrooms, die Namen wie »Odins Reich« oder »Walhalla« trugen. Dort tummelten sich ziemlich abenteuerliche Gestalten, die auf die Demokratie schimpften (»Diese Demokröten zerstören unser Reich, indem sie alles verkaufen: die Bahn, die Post, die UMTS-Lizenzen«), sie stellten den Holocaust infrage (»Die Alliierten haben den Holocaust erfunden, um Deutschland zu schaden«) und sie sprachen sich für die

Wiedereinführung von Arbeitslagern aus (»Dann würde es den Kanaken vergehen, uns ständig zu beklauen«). Damit konnte ich zunächst nicht viel anfangen. Mir war nur wichtig, dass diese Leute mir Mailadressen nannten, über die ich Zugang zu Servern bekam, auf denen ich alles fand, wonach ich gesucht hatte: verbotene Lieder und manchmal sogar Videos, in denen unter anderem dazu aufgerufen wurde, Juden anzuzünden.

Tag und Nacht lud ich mir verbotenes Zeug aus dem Netz, und während ich mich nun ausschließlich mit der Beschaffung von Rechtsrock beschäftigte und versuchte, die Texte auswendig zu lernen, um sie dann auf den Autofahrten gemeinsam mit meiner Mutter singen zu können, geschah etwas mit mir: Ich begann, mich mit der Musik und den Texten zu identifizieren.

Diese laute Musik strotzte nur so von Macht, Mut und Energie. Sie schrie an gegen eine Welt, in der man verlorener war als nachts alleine in einem Wald. Diese Musik war Auflehnung. Nicht die Auflehnung eines Einzelnen, sondern die Auflehnung einer mächtigen Gruppe. Und was gab es Schöneres, als zu dieser Gruppe zu gehören? Diese Gruppe versprach Kameradschaft, Zusammenhalt, Schutz, Sicherheit – und Macht. Ja! Wir waren mächtig! Uns Deutschen war eine besondere Bestimmung in die Wiege gelegt worden. Wir waren für große Aufgaben bestimmt. Das wusste auch der restliche Teil der Welt. Nur aus diesem Grund waren wir im Zweiten Weltkrieg so vernichtend geschlagen worden. Weil die anderen Völker erkannt hatten, wozu wir in der Lage waren. Deshalb mussten sie unserem revolutionären Politiker Adolf Hitler Einhalt gebieten. Anders war es doch gar nicht zu erklären, warum beispielsweise Hitlers ehemaliger Stellvertreter, der »Friedensflieger« Rudolf Hess, so lange im Gefängnis sitzen musste. Von seinem angeblichen Selbstmord mit dreiundneunzig mal ganz zu schweigen. Das war doch Mord! Mord durch den britischen Geheimdienst. Das hatte ich in meinem Forum gelesen. Wir Deutschen sollten kleingehalten werden, um nie wieder einen solchen Ruhm zu erlangen, wie es uns im Dritten Reich gelungen war. Unser ganzes System – von der Polizei bis zu höchsten politischen Ämtern – war durchsetzt von ausländischen Geheimdiensten, deren einziges Ziel es war, dieses Land nie wieder eine Blüte erleben zu lassen.

Aber ab sofort wollte ich dagegen antreten. Ab sofort war ich ein Teil des Stachels im System, das sich BRD nannte. Die BRD war nicht Deutschland. Oh nein! Deutschland war viel größer. Unser Land würde wiederauferstehen, wenn wir alle fremden Machthaber, die uns seit der Niederlage des Zweiten Weltkriegs geknechtet hatten, verjagt haben! Das hatte ich nun erkannt. Mein Stumpfsinn war vorbei. Ab jetzt würde ich kämpfen. Denn ich war ein Geweihter. Ein stolzer Deutscher. Ein Nationalist. Ich hatte das Gefühl, endlich verstanden zu haben, wie es in unserer Welt lief. Deshalb prangte seit Neuestem sogar ein Hakenkreuz als Hintergrundbild auf meinem PC, während ich die Musik aus dem Internet zog.

Einmal weckte mich meine Mutter nachts auf. »Timo, wenn du schlafen gehst, musst du den PC ausschalten. Sonst wird die Stromrechnung zu hoch.« Um gleich versöhnlich hinterherzuschieben: »Du weißt doch, dass wir ein bisschen aufs Geld achten müssen.« Daraufhin drückte sie mir einen Kuss auf die Stirn und verschwand wieder in ihr Schlafzimmer.

Das muss man sich mal vorstellen: Jede andere Mutter wäre garantiert durchgedreht, wenn sie als Hintergrundbild auf dem Rechner ihres Sohnes ein Hakenkreuz entdeckt hätte. Meine machte sich lediglich Sorgen um unsere Stromrechnung ... Ich hatte die coolste Mutter der Welt!

Dank meiner neuen Weltanschauung wurde mein Leben viel leichter. Markenklamotten? Waren doch eh nur dazu da, unsere Gesellschaft zu spalten. Durch Konsum sollte Neid geschürt werden. Das war's! Endlich musste ich meine Familie nicht mehr als Hartz-IV-Empfänger outen, wenn ich anders aussah als meine Kumpels. Nein. Ich trug *bewusst* keine Markenkleidung. Stattdessen lief ich in Armeekleidung rum: olivgrüner Parka, schwarze Armeehose, Springerstiefel. Gab's alles billig und secondhand. Die dazu passende Militärfrisur verpasste mir meine Mutter. Sie rasierte mir die Seiten so kurz wie möglich und ließ lediglich die blonden Deckhaare ein paar Millimeter stehen. Ich sah gefährlich aus! Dadurch verschaffte mir mein neuer Stil einen weiteren positiven Nebeneffekt: Plötzlich pöbelte mich keiner mehr an. Früher bin ich weggerannt, wenn sich jemand mit mir prügeln wollte, weil ich sein Mädchen angeflirtet hatte oder so. Aber ich war kein Schläger. Ich war leider nicht mal ein schneller Läufer. Deshalb hatte ich manchmal schon Herzrasen vor Angst, wenn ich an einer lauten Jugendgruppe vorbeigehen musste, die ich nicht kannte. Nun setzte ich ein grimmiges Gesicht auf – und keiner wagte, auch nur einen Pieps gegen mich zu sagen. Ich mimte eine Person, die ich gar nicht war: Den verletzlichen, weinerlichen Timo von früher gab es nicht mehr. Ich war nun auch nicht mehr nur lustig und cool, nein, ich war plötzlich ein Mann, mit dem man sich besser nicht anlegte!

Meine Mutter unterstützte meine Wandlung. Während früher garantiert nie Geld da war, wenn ich mir ein neues T-Shirt oder neue Jeans kaufen wollte, waren neue Klamotten plötzlich überhaupt kein Thema mehr. Meine Mutter gab mir sofort das Geld für ein T-Shirt mit einer »88« drauf (als Zeichen für den jeweils achten Buchstaben im Alphabet – also »HH« für »Heil Hitler«) sowie für eine kleine Reichsflagge, die ich mir als Button an meinen Parka klemmen wollte. Was immer ich haben wollte – ich musste meine Mutter nur kurz in mein Zimmer rufen und ihr das neue Teil im Internet zeigen –, schon war die neue Bestellung finanziell abgesegnet. Einmal bestellte ich ihr einen kleinen Button mit, auf dem die Umrisse eines Landsers, also eines treuen deutschen Soldaten, zu erkennen waren. Den steckte sie sich sofort an ihre Handtasche. Und wenn sie mich ansah, dann voller Stolz. Nie wieder nannte sie mich »Mädchen« oder »Heulsuse«. Endlich war ich in ihren Augen ein ordentlicher junger Mann mit der richtigen Sicht auf die wichtigen Dinge des Lebens. Ich erinnere mich noch genau daran, wie ich einmal nach der Schule bei meiner Oma, die inzwischen zusammen mit Opa ebenfalls in unsere Nähe gezogen war, in die Küche trat und Mama sofort Haltung annahm, als sie mich erblickte.

»Heil dir!«, rief sie mir zu.

Ich antwortete mit einem stolzen »Sieg Heil!«.

Meine Oma schaute erst erschrocken. Machte das Theater dann aber mit, indem sie ein ganz leises »Heil!« nuschelte. Woraufhin meine Mutter mich triumphierend ansah.

Der einzige Ort, an dem mein neues »Ich« nicht auf große Begeisterung stieß, war die Schule. Mit meinen Klassenkameraden hatte ich keine Probleme. Die fanden es irgendwie cool, nun so einen harten Kerl zu kennen. Wer wusste schon, wofür man einen solchen Kontakt mal brauchen konnte? Die Lehrer dagegen machten kein Geheimnis aus ihrer grenzenlosen Abneigung. Sie konnten mit dem kleinen Neonazi in ihrer Klasse nichts anfangen. Anstatt mit mir das Gespräch zu suchen, versuchten sie, mich bei jeder sich bietenden Gelegenheit bloßzustellen. Mein Geschichtslehrer schien diesbezüglich besonders ehrgeizig zu sein. Als ich einmal möglichst dramatisch den »Terror der Alliierten« gegen das arme Deutschland schilderte, um meinen Mitschülern die Opferrolle unserer Landes bewusst zu machen, lächelte er bloß. Ich hatte ja gehofft, mit meiner Geschichte ein paar Schüler auf meine Seite zu ziehen. Aber unser Lehrer konterte gleich mit dem deutschen Luftangriff auf Guernica.

»Die Deutschen haben die spanische Stadt dem Erdboden gleichgemacht. Es war der erste Verstoß der deutschen Luftwaffe gegen das Kriegsvölkerrecht. Hunderte Zivilisten starben. Und das ist nur eines von unendlich vielen Beispielen.«

Ich wollte es nicht drauf ankommen lassen, mir diese »unendlich vielen anderen Beispiele« auch noch anhören zu müssen, und hielt lieber meine Klappe.

Manchmal stichelte mein Geschichtslehrer aber auch, ohne dass ich ihm eine Vorlage dafür geliefert hätte: »Na, und dann gibt es natürlich auch Leute, die leugnen, dass im Dritten Reich sechs Millionen Juden vergast wurden.« Provokanter Blick in meine Richtung.

Da musste ich natürlich reagieren: »Es gibt überhaupt keine Beweise für diese Zahl. Es gibt keine entsprechenden Listen.«

So ergab sich ein Schlagabtausch nach dem anderen. Normaler Unterricht war kaum mehr möglich. Aber hey, ich war jetzt Timo, ein überzeugter Nationalsozialist. Da konnte mir ein so linker Vogel wie mein Geschichtslehrer doch nicht so blöd kommen! Überhaupt hatte ich viel Wichtigeres zu tun, als mich um die Schule zu kümmern. Hausaufgaben? Keine Zeit! Schließlich war gerade das Vaterland in Not!

Diese Einstellung gab meinen ohnehin schon schlechten Leistungen den Rest. Deshalb musste ich die achte Klasse wiederholen. Kein Problem. Weder für meine Mutter noch für mich. Ganz im Gegenteil. Für mich entpuppte sich das Sitzenbleiben sogar als Glücksfall, da ich in meiner neuen Klasse auf Andreas traf. Der sah zwar aus wie ein Normalo, aber er sprach mich schon nach ein paar Tagen schüchtern an, »ob ich auch gegen Ausländer sei und so«. Als ich mit gestrafften Schultern bejahte, strahlte er mich glücklich an: »Ich auch!«

Damit hatte ich endlich einen Kameraden gefunden! Das hatte ich mir schon lange gewünscht. Insgeheim träumte ich sogar davon, eine örtliche Kameradschaft zu gründen. Das war ein Verbund von Gleichdenkenden. Die gab es überall in Deutschland – nur leider nicht in meiner Nähe. Was bislang vor allem daran lag, dass mir die Kameraden fehlten. Nun gab es immerhin Andreas.

Jetzt musste ich meinen neuen Kameraden nur noch dazu bringen, sich die szenetypischen Klamotten zu kaufen, damit auch jeder gleich auf den ersten Blick sah, dass wir gemeinsam für Deutschland kämpften.

Allerdings erwies sich das mit den Klamotten als schwierig. »Meine Eltern wollen nicht, dass ich solche Stiefel trage. Und so ein T-Shirt wollen sie mir auch nicht kaufen«, beklagte sich Andreas bei mir.

Ich war empört. Natürlich erklärte ich mich sofort bereit, meinen neuen Kameraden zu unterstützen. »Mach dir keine Sorgen. Du bestellst deine Klamotten einfach über meinen Account und gibst mir dann das Geld wieder.«

Oder besser gesagt musste er es meiner Mutter wiedergeben, schließlich hatte sie das Geld ja auch vorgestreckt. Aber das tat sie gerne – immerhin war es für eine gute Sache! Allerdings war auch Mamas Großzügigkeit nicht grenzenlos. Als ich bei einem Stützpunkt der NPD, also der Nationaldemokratischen Partei Deutschlands, per Mail nach Aufklebern fragte, die ich mit Andreas verteilen wollte, schrieben die zurück, dass ich Aufkleber in beliebig großer Zahl gerne kaufen könnte.

Mama lachte, als ich sie darauf ansprach: »Ich soll dir Aufkleber kaufen? Das kannst du vergessen! Die haben wir früher immer umsonst bekommen.«

Das wurmte mich. Offenbar war meine Mutter früher wesentlich besser vernetzt gewesen als ich heute – ich war es bislang leider überhaupt nicht. Das musste sich ändern!

3

»Warum die rechte Szene für einige Jugendliche so attraktiv wirkt? Ausschlaggebend kann das Zugehörigkeitsgefühl zu einer ›starken Gemeinschaft‹ sein, die neue Vorbilder bereithält.

Zusätzlich wirken Attraktivitätsangebote der ›Erlebniswelt Rechts‹, die sich über Action, Thrill, Adrenalin, Jugendkultur, Identitätsstiftung bis hin zur Sucht nach Aufwertung der eigenen Persönlichkeit durch die permanente Abwertung von Menschen, die nicht ins rechtsextreme ideologische Weltbild passen, erstrecken.«

reset – Beratung und Begleitung bei der Loslösung vom Rechtsextremismus im Land Bremen

Ich hörte ihre Musik, ich trug ihre Klamotten, ich teilte ihre Gesinnung. Damit war ich automatisch ein Mitglied der immer stärker werdenden rechten Szene. Blöd war nur, dass die Szene, zu der ich jetzt so offensichtlich gehörte, nichts von meiner Existenz wusste. Das musste ich ändern! Ich hatte es satt, immer nur mit Andreas an dem kleinen Bachlauf zu sitzen, der sich einmal quer durch unseren Ort schlängelte, um dort Musik zu hören oder große Reden zu schwingen, die dann allenfalls alte Damen hörten, die gerade ihren Rauhaardackel neben uns spazieren führten. Deshalb kribbelte es sofort vorfreudig in meinem Bauch, als ich im Internet las, dass nur zweihundert Kilometer von meinem Wohnort entfernt eine NPD-Demonstration stattfinden sollte. Nur zweihundert Kilometer entfernt! Es musste doch zu realisieren sein, an dieser Demonstration teilzunehmen!

Ich sprach sofort meinen Kumpel Andreas darauf an, als wir uns am Abend auf unserer Bank an dem kleinen Wasserlauf trafen. »Wollen wir da hinfahren? Hast du Lust?«, löcherte ich ihn aufgeregt. Ich war natürlich davon ausgegangen, dass er gleich ebenso begeistert reagieren würde wie ich.

Aber Andreas wackelte bloß unschlüssig mit dem Kopf. »Ich weiß nicht.«

Nun war ich baff. »Wir können doch nicht ewig nur herummeckern, ohne etwas zu unternehmen.« Im Gegensatz zu Andreas war ich ganz wild darauf, endlich »braune« Luft zu schnuppern.

Doch mein bislang einziger Gesinnungsgenosse – mal abgesehen von meiner Mutter – sah mich nur unmotiviert an. »Wie sollen wir denn da hinkommen?«

»Wir suchen uns eine Mitfahrgelegenheit.«

»Och ne!« Lustlos scharrte Andreas mit seinen neuen Springerstiefeln im Sand.

Ich zog genervt die Augenbrauen hoch. Was war denn das für eine Haltung? Jetzt gab es mal die Gelegenheit, aktiv zu werden, und wir setzten uns ans Wasser und tranken Bier?

Weil Andreas merkte, dass ich allmählich wütend wurde, versuchte er, sich rauszureden. »Weißt du, da hat auch mein Opa Geburtstag.«

Die Ausrede war dermaßen unglaubwürdig, dass ich ihn anblaffte: »Wir waren uns doch einig, dass Deutschland wieder zu einem großen Reich auferstehen muss, damit es uns allen besser geht.«

»Ja, schon«, druckste Andreas herum.

»Wir haben doch gemeinsam den Traum von einem Deutschen Reich.«

»Jaaa.«

»Dann müssen wir was unternehmen!«

»Aber der Geburtstag ...«

Es half alles nicht. Andreas ließ sich nicht überreden. Ich war schwer enttäuscht. »Dann fahre ich eben alleine«, erklärte ich trotzig.

Offenbar wollte Andreas weiter sein Dorfnazi-Dasein fristen. Mir reichte das nicht mehr. Ich würde zu der NPD-Demo fahren. Auf jeden Fall! Da die Begeisterung meiner Mutter leider nicht so weit ging, dass sie bereit war, dafür vierhundert Kilometer Auto zu fahren, schrieb ich einfach an die Parteizentrale der NPD, ob sie von einem Nationalisten wüssten, der in meiner Nähe wohnt und mich mitnehmen könnte. Ich musste gar nicht lange warten, da kam schon die Antwort: Ich sollte mich an den nächstgelegenen NPD-Unterbezirk wenden, dort würde man mir eine Mitfahrgelegenheit organisieren. Und tatsächlich: Kaum hatte ich meine Mail an die neue Adresse abgeschickt, wurde mir mitgeteilt, dass ich an dem fraglichen Tag an einem etwa dreißig Kilometer entfernten Bahnhof bei »vier Autonomen Nationalisten« mitfahren könne. Allerdings würde die Rückfahrt nicht mehr am selben Tag stattfinden. Stattdessen könne ich auf dem »Anwesen eines JN-Funktionärs« übernachten und dann am nächsten Tag mit zurückfahren.

Als ich das las, sackte mein Mut ganz kurz zusammen. Ich hatte vorsichtig angeklopft – und plötzlich steckte ich schon mittendrin. Ich kannte nicht einmal die ganzen Begriffe, mit denen der Schreiber so selbstverständlich jonglierte. Was waren denn »Autonome Nationalisten«? »Autonom« klang für mich irgendwie Furcht einflößend. Im Netz erfuhr ich, dass die »Autonomen Nationalisten« offenbar besonders engagierte Rechte waren, die nicht unbedingt auf den ersten Blick als solche zu erkennen waren. Gut. Das klang jetzt nicht besonders unheimlich. Also nicht für mich. Allerdings war mir gar nicht bewusst gewesen, dass es rechte Untergruppen gab. Wir waren doch eine Einheit, wir hatten doch dasselbe Ziel!

Und was war ein »JN-Funktionär«? Ich las, dass die »Jungen Nationaldemokraten« so etwas wie die Jugendgruppe der NPD waren. Die perfekte Anlaufstelle für Jugendliche, die sich politisch engagieren wollten. Also für Jugendliche wie mich.

Ein wohliges Gefühl breitete sich in mir aus. Es kam mir so vor, als wäre ich nun endlich auf dem richtigen Weg. Raus aus diesem Kaff – rauf auf die Weltbühne der rechten Politik. Sollte Andreas doch hier vergammeln. Ich würde nun zu den *echten* Rechten fahren.

Als meine Mutter hörte, dass die zweihundert Kilometer nicht mehr zur Debatte standen, erklärte sie sich sofort bereit, mich am kommenden Samstag zum vereinbarten Treffpunkt zu fahren. »Du kannst schließlich nicht dreißig Kilometer laufen und Busse fahren so früh noch nicht.«

Dankbar lächelte ich sie an. Ich hatte wirklich Glück mit meiner Mutter. Die meisten Rechten hatten einen Riesenstress mit ihren Eltern, das war in meinen Foren häufig Thema. Ich hatte eine Mutter, die mich sogar unterstützte.

Als ich am verabredeten Morgen in voller Montur aus meinem Zimmer kam, hantierte meine Mutter bereits in der Küche herum und bereitete mir ein Frühstück zu. Normalerweise musste ich sie um diese Uhrzeit mehrmals wecken, ehe sie es in die Vertikale schaffte. Ich war richtig gerührt.

»Na, mein Großer!«, begrüßte sie mich fröhlich.

»Ich bin ganz schön aufgeregt«, gestand ich ihr.

»Ach, Quatsch!« Mama winkte ab. Sie erzählte, dass sie selbst schon ganz oft auf Demos gewesen sei.

»Echt?« Das hatte ich nicht gewusst.

Mama nickte. »Und du auch!«

Ich zog meine Nase kraus. »Ich?«

»Ja, da warst du etwa zwei Jahre alt und ein Kumpel von mir hat dich auf den Schultern tragen müssen, weil dir die Füße wehgetan haben.«

Offenbar war ich schon als ganz kleines Kind nicht besonders bewegungsfreudig gewesen.

»Nun kannst du auf deinen eigenen Beinen marschieren«, bemerkte Mama stolz.

Und ich schwappte beinahe über vor lauter Glücksgefühl. Die ganze Fahrt über erzählte Mama von früher, von ihren Demos. Ich glaube, sie wäre am liebsten selbst noch einmal fünfzehn gewesen und einfach mitgekommen.

Etwa eine Viertelstunde zu früh kamen wir am Bahnhof an. Als der alte Polo mit den Autonomen Nationalisten auf den Parkplatz fuhr, auf dem wir warteten, spähte ich neugierig durch die Scheiben. Da saßen vier junge Männer in schwarzen Klamotten, die ebenso gespannt zu mir starrten wie ich zu ihnen. Irgendwie hatte ich mir meine neuen Kameraden eindrucksvoller vorgestellt. Sie fuchtelten aufgeregt durcheinander und wirkten dadurch fast ein wenig unbeholfen. Dieser Eindruck verstärkte sich noch, als sie mehrere Anläufe brauchten, um in die Parklücke zu kommen.

Meine Mutter lachte: »Na, dann viel Spaß!« Damit brauste sie davon.

Unsicher reichte ich allen die Hand, um mich vorzustellen. Dabei schlug mir eine Alkoholfahne entgegen, dass ich mich fragte, ob es bei Autonomen Nationalisten wohl Bier zum Frühstück gab. Aber auf der Fahrt erzählten sie, dass sie noch gar nicht gefrühstückt hatten.

»Wir waren bis eben auf einer Party und sind dann direkt losgefahren«, prahlte mein Sitznachbar Rico.

Ich war beeindruckt. Die Jungs hatten noch gar nicht geschlafen. Sehr lässig. Obwohl ich noch zur Schule ging, behandelten sie mich gleich wie einen von ihnen. Schlagartig fühlte ich mich mindestens fünf Jahre älter.

Jochen erschien mir von allen am vernünftigsten. Er saß auf dem Beifahrersitz und drehte sich zu mir um: »Hast du die Auflagen zur Demo gelesen?«

Irritiert sah ich ihn an. Ich wusste nicht so richtig, was er von mir wollte. Deshalb fragte ich: »Was denn für Auflagen?«

»Na, die Bullen erlassen bestimmte Regeln, wie wir uns auf der Demo verhalten sollen. Der Hitlergruß ist zum Beispiel verboten.«

»Oh, den hatte ich auch nicht vor«, entgegnete ich erleichtert.

Alle lachten und die Schnapsleiche neben mir knuffte mir freundschaftlich in die Seite. Die Stimmung wurde zunehmend lockerer. Deshalb traute ich mich, Fragen zu stellen. Zum Beispiel nach eventuellen Ausschreitungen. Mama hatte erzählt, wie viel Spaß es ihr immer gemacht hatte, auf Demos die Fensterscheiben von Geschäften einzuschmeißen.

Jochen schmunzelte: »Da wird heute wohl nicht viel passieren, dazu sind zu viele Bullen da. Es werden höchstens ein paar Linke herumpöbeln.«

Nun war ich beinahe enttäuscht. Das klang ja wie ein gemütlicher Samstagsspaziergang. Meinen ersten Ausflug in den nationalistischen Widerstand hatte ich mir ein bisschen aufregender vorgestellt.

Doch alle Enttäuschung verflog, sobald wir auf dem Platz ankamen, auf dem sich die ersten Demonstranten versammelt hatten. Schlagartig schoss mein Adrenalinpegel in die Höhe. Die Stimmung hier war unbeschreiblich. Wie auf einer Riesenparty. Kein Vergleich zu den Schulfeten, die ich kannte. Hier feierten erstaunlich wenige Frauen mit unzähligen echten Kerlen, die bereit waren, für ihr Vaterland zu kämpfen. Voller

Bewunderung beobachtete ich das selbstbewusste Auftreten meiner Kameraden. Die Polizisten hatten Angst vor uns. Kein Zweifel. Sie wirkten wie aufgescheuchte Hühner, um deren Stall ein Fuchs schleicht. Jetzt fühlte ich mich nicht nur fünf Jahre älter, sondern auch mindestens fünf Köpfe größer.

Jochen erklärte mir, dass unsere eigentliche Demonstration abgesagt worden war – wegen einer »drohenden Eskalation«. Stattdessen sollte nun auf dem Bahnhofsvorplatz eine Kundgebung stattfinden. Auf dem Weg dorthin brüllten meine Kameraden Parolen wie »Frei! Sozial! Und national!« oder »Ob Ost, ob West – nieder mit der roten Pest«.

Ich brüllte natürlich sofort mit. Jetzt war ich einer von ihnen. Kein einsamer Dorfnazi. Sondern Teil einer großen Bewegung. Ich fühlte mich großartig. Stark und unbesiegbar. Ich befand mich in einem wogenden Meer aus Parteiflaggen der NPD. Vereinzelt entdeckte ich auch schwarz-weiß-rote Reichsflaggen. Um uns herum rannten einige aufgeregte Polizisten. Sie wirkten kopflos. Hilflos. Ziemlich schwach. Ein Fotograf zielte mit seinem imposanten Objektiv in Jochens und meine Richtung.

»Schau mal!«, machte ich meinen neuen Kumpel auf ihn aufmerksam.

Der zuckte bloß mit den Schultern. »Tja, dann werden ja bald wieder eine Menge Bilder von uns im Internet auftauchen.«

Damit hatte sich das Thema für ihn erledigt. Ich schielte noch einige Male in die Richtung der Presseleute. Wahnsinn! Ich im Internet. Bisher war ich nur einmal für unsere Lokalzeitung fotografiert worden, als ein Zirkus in unserem Dorf war. Für das Bild trug ich eine imposante Schlange um den Hals. Schon damals war ich ziemlich stolz auf meine Medienpräsenz gewesen. Allerdings war das kein Vergleich zu diesem Rummel hier. *Diesen* Artikel würde Mama vermutlich ausdrucken, einrahmen und über unser Wohnzimmersofa hängen. Ungläubig sah ich mich um. Ich hatte das Gefühl, am Ziel meiner Träume zu sein.

Kurz bevor ich mit meinen neuen Freunden den Platz erreichte, auf dem die Kundgebung stattfinden sollte, versperrte uns plötzlich ein weißes Zelt den Weg.

Jochen stöhnte. »Taschenkontrolle.«

Die Polizisten wollten sichergehen, dass wir keine Waffen trugen. Obwohl ich nichts Unerlaubtes bei mir hatte, war ich ziemlich nervös. Immerhin war das mein erster direkter Kontakt mit der Staatsmacht. Außerdem kamen mir die Polizisten plötzlich gar nicht mehr so klein und ängstlich vor – jetzt, wo sie vor mir standen. Ich hatte einen Riesenrespekt vor ihnen und bemühte mich, besonders kooperativ zu sein.

»Taschen ausleeren und alles hier auf den Tisch!«, befahl einer der Beamten.

Sofort schüttelte ich meine Taschen aus.

»Hast du noch etwas in den Gesäßtaschen?«

Vor lauter Aufregung durchwühlte ich noch einmal die Taschen meiner geschlossenen Jacke, also vor dem Bauch.

Alle drei Polizisten um mich herum fingen an zu lachen. »Wo hast du denn dein Gesäß?«, fragte mich der eine kopfschüttelnd.

Sein Kollege wollte besonders witzig sein: »Noch lustiger wäre es gewesen, er hätte seine Wangen abgetastet.«

Ich kam mir vor wie ein Trottel. Und ich war wütend. Warum machten sie sich über mich lustig? Ich war doch freundlich zu ihnen gewesen. Die Antwort lag klar auf der Hand: weil ich ein Nationalist war. Und die Polizei? War unser Feind. Ich hatte wieder etwas gelernt ...

Hinter der Kontrolle wartete ich auf meine Kameraden. Als Erstes entdeckte ich Rico, der im Auto neben mir gesessen hatte. Sein Oberkörper war nackt. »Warum hast du dir denn dein T-Shirt ausgezogen?«, wunderte ich mich.

Rico grunzte. »Das habe ich doch nicht freiwillig gemacht. Das waren die Bullen!«

Offenbar war sein Lonsdale-Shirt auf dieser Veranstaltung ebenso verboten wie der Hitlergruß. Laut »Auflage« durfte nichts getragen werden mit dem Aufdruck »NSDA«, weil es der Nazi-Partei »NSDAP« zu ähnlich klang. Diese Buchstabenfolge kam in Lonsdale aber nun einmal vor. Ich fand das ziemlich übertrieben. Zumal Lonsdale eigentlich eine Boxsport-Firma war, die überhaupt nichts mit den Rechten zu tun hatte. Vor allem aber war ich froh, dass ich heute nichts von Lonsdale anhatte.

Ohne darum gebeten worden zu sein, zog ich meine Jacke aus und reichte sie meinem neuen Kameraden.

Als Jochen bei uns auftauchte, klopfte mir Rico auf die Schulter: »Der Kleine ist echt in Ordnung.«

Ich gab mir Mühe, mir die Freude über dieses Kompliment nicht anmerken zu lassen. Zumal sich gerade noch weitere Bekannte von Jochen und den anderen zu uns gesellten. Einer stellte sich als Sebastian vor. Ich erkannte ihn als den Landesvorsitzenden der Jungen Nationaldemokraten. Ich hatte Bilder von ihm im Internet gesehen. Beinahe ehrfürchtig reichte ich ihm meine Hand.

Dann begannen die Reden. Vor lauter Aufregung und Übereifer klatschte ich in jeder kleinen Atempause überschwänglich in die Hände. Jochen musterte mich amüsiert. Sofort fühlte ich mich wie ein Kleinkind im Zirkus, das sich über den Clown freute – total albern. Deshalb klatschte ich nun nur noch, wenn Jochen es tat. Ich begann mal wieder, mich anzupassen ...

Als die Veranstaltung beendet war, fragte Jochen: »Na, hat's dir gefallen?«

Aber ich brauchte gar nichts sagen. Man sah es mir an.

Jochen lachte. »Dann wirst du erst staunen, wenn du einmal auf einer richtigen Demo bist!«

»Oh, ich kann es gar nicht erwarten!«

»Musst du auch nicht.«

Verwirrt sah ich Jochen an.

Er grinste: »Hier ist gleich noch 'ne Sponti. Wir suchen nur einen Platz, an dem weniger Bullen sind.«

Sofort begann mein Herz zu rasen. »Ist das nicht verboten?«

Jochen grinste frech. »Spontane Demos sind erlaubt. Wenn keiner nachweisen kann, dass sie geplant waren.«

So richtig beruhigte mich seine Erklärung nicht. Ich wollte aber auch nicht herumjammern und schon wieder als Weichei gelten. Ich war doch jetzt ein strammer Deutscher! Ein Mann, der sich an einem Eisblock wärmte. Also riss ich mich zusammen und schwenkte sogar überschwänglich die JN-Fahne, die Jochen mir plötzlich in die Hand gedrückt hatte. Wir folgten einem laut grölenden Strom in Richtung Bahnhof, wo wir wahllos in irgendeinen Regional-Express stiegen. Merkwürdigerweise ließ sich kein Kontrolleur blicken. Gut so! Ich bin mir sicher, dass keiner meiner Kameraden eine Fahrkarte gezogen hatte.

Auf den ersten Bahnhöfen standen noch Polizisten. Sobald wir den ersten »bullenfreien« Bahnsteig erreichten, ertönte das Kommando: »Alles raus!«

»Jetzt geht's los!«, rief Jochen aufgeregt und sofort skandierten die Ersten: »Frei! Sozial! Und national!« oder »Heute gehört uns Deutschland. Morgen die ganze Welt!«.

Als wir an ein paar spielenden Kindern vorbeikamen, von denen einige ganz eindeutig Ausländer waren, preschte ein Mann aus unseren Reihen auf sie zu und brüllte sie an: »Ja, ihr müsst bald wieder nach Hause. Das könnt ihr euren Eltern sagen, ihr Scheiß-Kanaken!«

Unwillkürlich zuckte ich zusammen. Die verängstigt dreinschauenden Kinder taten mir leid. Doch auch hier galt die Parole: Bloß keine Schwäche zeigen. Also lief ich grölend weiter. Bis vor uns plötzlich ein Polizeiwagen hielt. Mitten auf der Straße. Ich stöhnte: »Oje! Nun ist unsere Sponti wohl vorbei.«

Aber der Trupp marschierte einfach weiter. So als wären die Polizisten bloß Einbildung und gar nicht da. Wir waren Rebellen! Wir ließen uns nichts sagen! Übermütig riss ich meine Fahne noch höher in die Luft. So als könnte ich den Beamten damit vor die Füße spucken. Ich war vollkommen im Adrenalinrausch. Bis kurz darauf weitere Polizeiwagen kamen und uns komplett einkesselten. Nun war definitiv Schluss. Per Lautsprecher erfolgte die Durchsage, dass wir alle unsere Ausweise vorzuzeigen hätten. Sehr witzig. Ich hatte ja noch gar keinen. Eine Ausweispflicht bestand schließlich erst ab sechzehn. Glücklicherweise gaben sich die Beamten mit meinem Mofa-Führerschein zufrieden, den ich gerade erst gemacht hatte. Dann ließen sie uns gehen und wir brachen endlich zu dem Hof von Sebastian auf, wo wir heute übernachten sollten.

Das »Anwesen« entpuppte sich als liebevoll restaurierter Bauernhof, auf dem Sebastian mit seiner Freundin Daniela und seinen beiden Kindern lebte. Daniela war außergewöhnlich hübsch. Ein blonder Engel mit strahlend blauen Augen und einem Lächeln, bei dem mir gleich ganz flau im Magen wurde. Da in der rechten Szene permanenter Frauenmangel herrschte, beobachtete ich einige Kameraden dabei, wie sie Daniela ebenfalls schwärmerisch hinterherstaunten. Sebastian war sich eindeutig bewusst, welche Wirkung sie auf die anderen hatte, und stand stolz am Grill. Um ihn herum: unzählige Bierkästen.

Als Sebastian mir daraus ein Bier reichte, lehnte ich höflich ab. Schließlich wollte ich keinem zur Last fallen. Aber Sebastian bestand darauf: »Na, komm! Du bist ja wohl alt genug.«

Bei diesem Argument konnte ich natürlich nicht länger Nein sagen. Denn das mit dem Alter war eine heikle Angelegenheit, mein wunder Punkt sozusagen, da ich ja tatsächlich deutlich jünger war als alle anderen, ich es mir aber auf keinen Fall anmerken lassen wollte. Dementsprechend trank ich am nächsten Morgen zum Frühstück auch Kaffee – anstatt Saft oder Kakao wie zu Hause. Auch noch schwarz, weil ich mich nicht traute, nach Milch und Zucker zu fragen.

Jochen dagegen benahm sich so, als würde er ständig bei Sebastian ein und aus gehen: »Hast du noch ein paar Aufkleber da? Dann muss ich mir keine bestellen.«

»Ein paar«, bejahte Sebastian.

Und obwohl ich mich die ganze Zeit bemühte, möglichst unauffällig mitzulaufen, konnte ich mich jetzt nicht zurückhalten: »Darf ich auch ein paar haben?«

Sebastian lächelte zufrieden. Sofort führte er Jochen und mich in sein Lager – und mein Herz tanzte vor Freude Pogo. Monatelang hatte ich als unorganisierter Nationalist davon geträumt, auch nur einen einzigen Aufkleber der NPD in der Hand zu halten. Nun stand ich plötzlich in einem Raum, der mir beinahe Freudentränen in die Augen trieb, denn hier standen Kisten voller Aufkleber, stapelweise Wahlkampfplakate, Kugelschreiber, Flaschenöffner, Schlüsselbänder. Ich war im Paradies! Trotzdem wollte ich mir meine grenzenlose Freude nicht anmerken lassen. Schließlich wollte ich doch möglichst cool und auf gar keinen Fall kindisch rüberkommen.

»Was brauchst du denn?«, wollte Sebastian wissen.

Am liebsten hätte ich »Alles!« gerufen. Stattdessen antwortete ich bemüht gelassen: »Bloß ein paar Aufkleber für meine Freunde.«

Sebastian griff wahllos in ein paar Kisten und drückte mir etwa zweihundert Aufkleber in die Hand.

»Ähm … Das ist echt nett vor dir«, druckste ich herum. »Aber so viel Geld habe ich nicht dabei.«

Sebastian schüttelte den Kopf. »Schon gut.«

Dankbar lächelte ich ihn an. Ich dachte an meine Mutter, die ihre Aufkleber früher auch immer kostenlos bekommen hatte, und mir wurde ganz warm im Bauch. Obwohl wir uns gerade erst kennengelernt hatten, waren alle so freundlich zu mir, als wäre ich schon seit Ewigkeiten einer von ihnen.

Ich verstaute gerade meine neuen Errungenschaften vorsichtig in meinem Rucksack, da klopfte mir Jochen auf die Schulter. »Wir wollen los.«

»Einen Moment!«, rief ich und drängte Sebastian noch schnell meine Telefonnummer auf. »Falls du Hilfe bei der Parteiarbeit brauchst, sag mir einfach Bescheid.«

Ich hatte zwar keine Ahnung, inwiefern ich ihm wohl helfen könnte, aber ich war hoch motiviert, die Rettung Deutschlands aktiv voranzutreiben. Außerdem wollte ich natürlich unbedingt mit meinen neuen Kameraden in Kontakt bleiben. Schließlich war mein neuestes Lebensziel: ein guter Nazi zu werden.

Meine grenzenlose Begeisterung für diese – aus heutiger Sicht – zwielichtigen Partei-Gestalten und meine immer radikaler werdende Meinung, die keinen Widerspruch mehr zuließ, führte dazu, dass die meisten meiner alten Schulfreunde sich von mir zurückzogen. Auf ihre Partys wurde ich kaum mehr eingeladen. Blieb mir eigentlich nur Andreas. Aber der war mir allmählich zuwider. Ich hielt ihn für einen rückgratlosen Mitläufer, der ein bisschen seine Eltern erschrecken und in den Klamotten härter wirken wollte, als er eigentlich war. Aber ansonsten? Nichts dahinter. Für die Auferstehung Deutschlands hätte er nicht einmal unseren Bach verlassen.

Deshalb war ich froh, als Jochen sich bei mir meldete und fragte, ob wir uns am Wochenende treffen wollten.

»Unbedingt!«, entgegnete ich.

Jochen schlug vor, dass wir ein paar Filme zusammen gucken könnten. Ich dachte spontan an ein paar Action-Kracher wie *Cloverfield* oder *Hellboy*.

Mit Chips und Bier im Rucksack stand ich am Samstagabend vor der Tür zu seiner kleinen, aber ordentlichen Zweizimmerwohnung, die gar nicht so weit von meinem Dorf entfernt in einer beschaulichen Kleinstadt lag – auf der einen Seite begrenzt von Weinbergen, auf der anderen von einem breiten Fluss. Ich war ein bisschen aufgeregt. Immerhin war Jochen schon zwanzig. Unsicher setzte ich mich auf sein Sofa und kramte sofort meine Mitbringsel aus meiner Tasche, um sie auf den Tisch zu stellen.

Jochen lachte: »Hätte ich alles dagehabt.« Er öffnete

unsere Bierflaschen mit seinem Feuerzeug und schüttete ein paar Chips in eine Schüssel. Dann lehnte er sich zurück und startete mit seiner Fernbedienung den Film. Schwarzes Flimmern. Dann las ich unter dem Reichsadler, der auf einem Hakenkreuz saß, in altdeutscher Schrift: *Triumph des Willens*. Einer der berühmten Propagandafilme von Leni Riefenstahl.

Aha!, dachte ich ein wenig enttäuscht, *also kein entspannter Fernsehabend, sondern eher eine Art Weiterbildung.* Doch dann überlegte ich mir, dass das womöglich bedeutete, dass Jochen sich meiner politischen Erziehung annehmen wollte. Bei diesem Gedanken wurde ich ganz aufgeregt. Anscheinend hatte ich einen Mentor gefunden! Wenn ich jetzt nichts falsch machte, würde mir Jochen alles beibringen, was ich als guter Nazi wissen musste.

»Zuallererst musst du dich anders anziehen«, erklärte er mir.

Verwundert schaute ich auf mein Lonsdale-Shirt. »Warum?«

»Das tragen Skinheads. Proleten. *Wir* ziehen uns anders an.« Jochen erklärte mir, dass Thor Steinar unter den intellektuelleren Rechten ziemlich angesagt sei. Das Logo zeigt eine germanische Rune, die angeblich »Kampf« oder »Aktion« bedeutet.

Das gefiel mir. Also bestellte ich fortan nur noch Thor Steinar. Außerdem ließ ich mir einen Seitenscheitel wachsen, auf den jeder Hitlerjunge stolz gewesen wäre. Meine Jeans warf ich in die Altkleidersammlung. Schließlich hatte ein Jude die Jeans erfunden: Levi

Strauss. Seitdem ich das wusste, zuckten meine Mundwinkel nur noch spöttisch, wenn ich Rechte in diesen blauen Hosen sah ... Stattdessen kaufte ich mir diese typischen Zimmermannhosen. Schlicht. Schwarz. Vorne mit Knöpfen oder Reißverschlüssen. Ich sah aus wie die pummelige Reinkarnation meines SS-Uropas.

Leider ließ ausgerechnet in dieser Zeit die Begeisterung meiner Mutter für meine Klamottenkäufe nach. Meine Verwandlung vom Rechten in Skinhead-Klamotten zum »Partei-Fritzen« – wie sie es nannte – gefiel ihr überhaupt nicht. Sie hätte lieber einen kahl rasierten Skinhead zum Sohn gehabt. Da gibt es nämlich durchaus einen Unterschied: Skinheads sind oft unpolitische Raufbolde, denen es vor allem darum geht, mit rechtsradikalen Parolen anzuecken. Wirklich etwas bewegen – außer Bierkästen und ihre Fäuste – wollen die wenigsten von ihnen. Ich dagegen wollte mich politisch engagieren. Für Deutschland. Für mein Vaterland.

Mamas Enttäuschung über meinen Wandel bewies mir mal wieder, wie schlecht meine Mutter mich kannte. Ich war eben nicht so ein Schlägertyp. Ich war eher ein Kopfmensch. Deshalb verkroch ich mich ab sofort in meinem Zimmer, wo ich sämtliche Bücher der Nazi-Größen des Dritten Reichs in mich aufsog. Meine Familie – vor allem meine kleinen Geschwister – sahen mich eigentlich nur noch bei den gemeinsamen Abendessen. Mein Herz schlug nur noch für den alten und neuen Nationalsozialismus.

Jochen förderte meine Entwicklung. Bald spannte er mich auch in seine Parteiarbeit ein. Als Bereichsleiter der Jungen Nationaldemokraten in seiner Kleinstadt war er natürlich immer auf der Suche nach neuen Mitgliedern. Deshalb verteilte er an den Wochenenden regelmäßig Flugblätter – und ich unterstützte ihn neuerdings dabei. Allerdings entpuppte sich diese banale Arbeit als ziemlich anstrengend. Physisch und psychisch! Denn es war überraschend schweißtreibend, mit mehreren Kilo Flugblättern im Gepäck stundenlang durch die Stadt zu marschieren, zumal ich nicht der Sportlichste war. Viel schlimmer war allerdings der mentale Stress. Ich wusste nie, was passieren würde, wenn jemand plötzlich seine Haustür öffnete und ich gerade eine Propagandaschrift der NPD in seinen Briefschlitz schob. Wenn's gut lief, beachteten mich die Leute gar nicht oder mein Zettel war schon im Kasten, wenn sie mich entdeckten. Der Stress begann, wenn die Leute sagten: »Ach, das können Sie mir doch gleich in die Hand drücken!« Schließlich war mir bewusst, dass die NPD von manchen durchaus kritisch gesehen wurde. Nun musste ich aufpassen. Es gab natürlich die NPD-Befürworter – aber die waren deutlich in der Unterzahl. Die meisten knüllten meinen Zettel wütend zusammen und stapften zurück in ihr Haus. Die Heißblütigeren unter ihnen warfen mir den zusammengeknüllten Zettel mit Schwung hinterher und jubelten, wenn sie meinen Kopf trafen. Und ein paar ganz Unerschrockene drohten mir sofort mit Schlägen, sollte ich meine Verteilaktion in ihrem Viertel fortsetzen. Ich konnte dann nur mit der Polizei drohen und zusehen, dass ich mich möglichst schnell vom Acker machte ...

Nach acht Stunden Verteilaktion war ich dann wirklich fertig und froh, wenn ich mich wieder in meinen Zug in Richtung Heimat setzen konnte. Zumal ich mich zu Hause um mein eigenes Projekt kümmern wollte: die Gründung eines JN-Stützpunktes in meinem Dorf. Aber das erwies sich als schwierig. Die meisten Jugendlichen schienen sich überhaupt nicht für die verheerende Lage in unserem Land zu interessieren. Stattdessen lernten sie für blödsinnige Klassenarbeiten oder fieberten jedem neuen Dorffest entgegen, auf dem sie sich wieder so richtig abfüllen konnten. Es war erschütternd. Alle schienen total benebelt zu sein. Wie gut, dass wenigstens ich den Durchblick hatte ...

Glücklicherweise unterstützte Jochen mein Vorhaben, eine neue Ortsgruppe zu gründen, sonst wäre ich vermutlich nie vorangekommen. Wann immer sich ein Jugendlicher aus meiner Gegend bei ihm meldete, weil er Info-Material haben wollte, leitete mir Jochen seine Kontaktdaten weiter. So hatte ich bald zehn Adressen zusammen, die ich systematisch abtelefonierte. Im Geiste sah ich mich schon mit meinen zehn neuen Kameraden alte Marschlieder singen – und wurde schwer enttäuscht! Die meisten Interessenten erwiesen sich als Fakes. Da hatten sich lediglich ein paar Jungs einen Scherz erlaubt, indem sie einen ahnungslosen Freund bei der NPD anmeldeten ... Nur ein einziger Kontakt war ein Treffer: Ralf, ein Gymnasiast, der nur fünfzehn Kilometer von mir entfernt wohnte, wollte sich tatsächlich politisch engagieren. Wir verabredeten ein Treffen, bei dem ich ihm mehr über die Struktur und

Ziele der JN erzählen sollte. Ausgerechnet ich! Ich war ja selbst noch nicht einmal Mitglied der Truppe! Deshalb löcherte ich Jochen in den nächsten Tagen und las alles, was ich über die JN finden konnte. Immerhin ging Ralf schon in die zwölfte Klasse! Da er dabei schon zwanzig war, konnte ich davon ausgehen, dass er wohl eine ähnlich holprige Schulkarriere wie ich hinter sich hatte ... Trotzdem hatte ich das Gefühl, mich ganz schön ins Zeug legen zu müssen, damit er mich kleinen Achtklässler überhaupt ernst nahm. Und dann auch noch einen Achtklässler, dem gerade der Wechsel auf die Realschule bevorstand. Meine Noten waren nämlich – trotz Sitzenbleiben – nicht besser geworden. Aber daran konnte ich jetzt auch nichts ändern. Schule erschien mir momentan unwichtiger als die Farbe meiner Unterhosen. Anstatt auch nur ein einziges Mal für Mathe oder Geschichte zu lernen, steckte ich meine gesamte Energie in meine neue Karriere als Nazi. Und offenbar machte ich meine Sache gut, denn schon nach meinem ersten Treffen mit Ralf bekam meine Gruppe Zuwachs: Ab sofort waren wir immerhin schon zu zweit!

Auch wenn Ralf nicht gleich Mitglied der JN werden, sondern sich das Ganze erst einmal anschauen wollte, schleppte er bald noch zwei Freunde an: Klaus und Heiner, Zwillingsbrüder und ebenfalls Dorfnazis. Beide waren nicht ganz so helle, daher gestaltete sich der Umgang mit ihnen deutlich einfacher. Sie waren sofort bereit, der Partei beizutreten.

Damit prahlte ich natürlich gleich bei Jochen, der

mich für mein Engagement ausgiebig lobte: »Gut gemacht, Timo! Ich werde mal mit Sebastian über deinen eigenen Stützpunkt reden. Ich könnte mir dich wirklich gut als Leiter deiner Ortsgruppe vorstellen.«

Etwas Tolleres hätte Jochen gar nicht sagen können: *Ich* sollte eine Ortsgruppe leiten! Was für eine Ehre! Das bedeutete, ich würde Menschen befehligen, die deutlich älter waren als ich und dadurch in der Hierarchie eigentlich automatisch über mir standen. Endlich sollte ich einmal das Sagen haben!

Ich war total begeistert von dieser Vorstellung und wollte bei Sebastian natürlich unbedingt Eindruck schinden, damit er Jochens Idee auch unterstützte. Deshalb rief ich persönlich bei ihm an, um nach den Mitgliedsverträgen zu fragen – zumal ich ja doch ein wenig stolz auf mich war.

Sebastian erinnerte sich sofort an mich. Das freute mich so sehr, dass ich übermütig gleich mal ein paar Verträge mehr orderte. Zumindest einen würde ich auf jeden Fall noch brauchen. Denn mir war bewusst, dass ich als künftiger Leiter einer Ortsgruppe natürlich selbst dringend Mitglied der JN werden musste. Allerdings kostete das sechzig Euro im Jahr. Geld, das ich nicht hatte, da ich ja nichts verdiente – schließlich war ich mit Parteiarbeit beschäftigt ... Also musste ich meine Mutter fragen.

Als meine Geschwister schon in ihren Betten lagen und Mama gerade entspannt mit Robert vor dem Fernseher saß und irgendeine dämliche Boulevardsendung schaute, in der es um Randale in Flüchtlingsunterkünften ging, schien mir der Zeitpunkt ganz günstig. Leider war sie nicht gerade begeistert von meiner Idee. Schließlich fand sie es ausreichend, rechte Parolen zu brüllen – und das ging natürlich auch ohne irgendeine Parteizugehörigkeit. Deshalb stöhnte sie: »Muss das sein? Kannst du da nicht auch ohne so einen Ausweis mitmachen?«

Ich erklärte ihr, dass das sogar ganz unbedingt sein müsste, da ich sonst ja nicht Ortsgruppenleiter werden könnte.

Mein Stiefvater stänkerte: »Jetzt spiel dich hier mal nicht so auf. Sooo wichtig bist du nun auch wieder nicht.«

Ich hielt die Luft an. Robert hatte in diesem Haus eigentlich überhaupt nichts zu melden. Und nun griff er mich ganz offen an. Empört sah ich zu meiner Mutter. Ich hatte mit Beistand gerechnet. Stattdessen stellte die sich nun zum ersten Mal auf seine Seite.

»Robert hat recht«, brummte meine Mutter und sah wieder in Richtung Fernseher.

»Aber Mama!«, bettelte ich, woraufhin meine Mutter ihren Mund verzog und – trotz Fernseher – deutlich hörbar ausatmete. Mein Herz raste. Aber ich wollte nicht so schnell aufgeben. »Jochen hat gesagt, dass ich Stützpunktleiter werden könnte.«

Nun wurde meine Mutter allmählich richtig sauer. Jochen war ihr ohnehin ein Dorn im Auge. Wie eigentlich alle meine neuen Freunde. Denn seit die in mein Leben getreten waren, konnte meine Mutter mir nichts mehr von früher erzählen. Schließlich hatte sie es nazimäßig allenfalls in die Bezirksliga geschafft. Meine neuen Kameraden dagegen spielten in der Bundesliga – sozusagen.

»Was der Jochen nicht alles sagt. Jochen hier! Jochen da! Du hättest mal lieber was für die Schule machen sollen, anstatt hier den Hitler zu spielen«, platzte es aus meiner Mutter heraus. Dann starrte sie wieder auf den Fernseher, wo sich inzwischen irgendeine bemitleidenswerte Frau einer bemitleidenswerten Schönheitsoperation unterzog.

Enttäuscht sah ich meine Mutter an. Ich spürte, wie sich meine Augen mit Tränen füllten – zum ersten Mal seit Ewigkeiten. Eine Weile hatte meine Mutter gut gefunden, was ich machte. Zum allerersten Mal war sie sogar so etwas wie stolz auf mich gewesen. Aber kaum, dass ich sie auf der Nazileiter überholt hatte, wollte sie nichts mehr davon wissen. Anscheinend wollte sie nicht, dass ich irgendetwas erreichte. Dass ich in irgendeiner Disziplin womöglich besser war als sie. Ich fühlte mich wie vor den Kopf geschlagen, klein und erbärmlich, sodass ich mich plötzlich selbst nicht mehr leiden konnte.

Für meine Mutter hatte sich das Thema Parteimitgliedschaft erledigt, sie beachtete mich gar nicht mehr. Aber in mir brodelte es. Im Aufstehen platzte es aus mir heraus: »Ich kann doch eh machen, was ich will. Du bist doch sowieso nie zufrieden!« Damit drehte ich mich um und stampfte aus dem Wohnzimmer.

Meine Mutter schaute ungerührt weiter ihre Boulevardsendung und Robert legte sogar den Arm um sie.

Klar. Zum ersten Mal genoss er in diesem Haus Oberwasser. Wütend schlug ich die Wohnungstür hinter mir zu und setzte mich auf mein Mofa. Wenn Mama mich nicht mehr unterstützen wollte, musste ich eben meine Oma fragen. Aber aufgeben? Das kam überhaupt nicht infrage. Ich hatte sogar schon eine Idee, wie ich meiner Oma den Beitritt bei den Jungen Nationaldemokraten verkaufen würde: Ich würde ihr einfach erzählen, dass ich einem Verein beitreten wollte, der Zeltlager und Ausflüge organisiert. Das war schließlich nicht gelogen.

Tatsächlich dauerte es keine halbe Stunde bei Oma und ich hatte mein Geld in der Tasche. »Damit ist dein Geburtstagsgeschenk für dieses Jahr aber gestrichen!«, rief sie mir im Hinausgehen hinterher.

Ich nickte und bedankte mich noch einmal bei ihr. Dann bekam ich eben nichts zum Geburtstag. Na und? Politischer Protest stand über dem eigenen Wohl. Das war mir spätestens bei der nervenaufreibenden Zettelverteilerei bewusst geworden. Glücklicherweise hatte Jochen mich in den vergangenen Wochen mit solchen Aktionen verschont. Aber nun rief er an und fragte, ob ich am Wochenende Zeit hätte. Ich sagte spontan zu, auch wenn ich ein mulmiges Bauchgefühl hatte. Hoffentlich wollte Jochen nicht wieder Flugblätter verteilen! Andererseits wäre sogar das besser, als zu Hause herumzuhängen – vor allem nach dem hässlichen Streit.

Jochen holte mich vom Bahnhof ab und schlug vor, dass wir uns zusammen auf eine Bank am Fluss setzen könnten. Er wollte mir ein bisschen was über meine künftigen Aufgaben als Ortsgruppenleiter erzählen. Das hörte sich gut an. Jochen schlug vor, dass ich in meiner Gruppe ideologische Schulungen veranstalten sollte. Mögliches Thema: Wie verhält sich ein aufrechter Deutscher? Darin sollte es unter anderem darum gehen, keine Anglizismen zu benutzen, keine amerikanische Kleidung zu tragen und kein Fast Food zu essen. Schließlich mussten wir die Amerikanisierung des deutschen Volkes verhindern! Deshalb sollten wir lieber unsere nationalen Gaststätten unterstützen. Auch aus Umweltschutzgründen, denn »Umweltschutz ist Heimatschutz«. Daher sind viele Rechte auch gegen Gentechnik, Atomkraftwerke oder Massentierhaltung, sie kaufen Bio-Gemüse und Fisch aus nachhaltiger Fischerei. Tier- und Umweltschutz sind sehr wichtige Themen für Nazis – es gab sogar JN-Aufkleber mit entsprechenden Slogans.

Jochen und ich saßen also in der Sonne auf unserer Bank, beobachteten die vorbeifahrenden Schiffe und tranken dabei gemütlich Bier. Nebenbei dudelte ein bisschen Rechtsrock aus Jochens MP3-Player – Musik von Bands, für die sich außer uns auch der Staatsschutz brennend interessierte ...

Ich lauschte gerade gespannt Jochens Ausführungen über sein letztes Treffen mit Sebastian, als mein Kamerad schlagartig verstummte. Mit einer Handbewegung wies er auf den Player. Ich verstand zwar sofort, was er wollte, verstand aber nicht, warum er wollte, dass ich die Musik ausschaltete. Doch dann folgte ich seinem Blick und sah vier Typen auf uns zukommen. Einer trug ein Shirt mit dem Aufdruck »Mob-Action«. Ein Slogan, den üblicherweise nur Linke benutzten.

»Versteck deinen Pulli. Das sind Antifas«, zischte Jochen mir zu und hielt sich selbst etwas unbeholfen die kleine Bierflasche vor sein Sweatshirt, auf dem riesengroß »Nationaler Widerstand« prangte. Ich verschränkte schnell meine Arme in der Hoffnung, damit den Thor-Steinar-Schriftzug zu verdecken, auf den ich sonst so stolz war. Das hier roch stark nach Ärger – und Jochen war genauso wenig ein Schlägertyp wie ich.

Meine Haut prickelte und kribbelte, als die vier Typen an uns vorbeiliefen. Aber sie beachteten uns gar nicht. Glück gehabt!

Ich holte gerade tief Luft und lächelte Jochen dabei erleichtert zu, da hörte ich: »Ach ne, was haben wir denn da?« Einer von ihnen war stehen geblieben und deutete nun auf Jochens Pulli.

Jetzt hatten wir ein Problem. Oder besser gesagt: vier! Und diese vier Probleme steuerten leider direkt auf uns zu. Mir wurde schlecht. Ich fühlte mich plötzlich wie taub. Unfähig, mich zu bewegen. Unfähig zu reden.

»Seid ihr etwa Nazis, oder was?«, pöbelte uns der größte der vier Antifaschisten an.

Jochen blieb erstaunlich cool. »Und wenn es so wäre?«

Wütend schielte ich zu ihm rüber. War Jochen wahnsinnig? Wie konnte er sie jetzt auch noch provozieren? Ich konnte gar nicht so schnell gucken, da gab es schon einen lauten Klatscher und Jochens Kopf flog mir entgegen. Entsetzt sprang ich auf und kassierte dafür prompt einen heftigen Faustschlag mitten ins Gesicht, sodass ich rückwärts zurück auf die Bank und auf Jochen geschleudert wurde.

»Ihr verpisst euch jetzt!«, schrie unser Angreifer noch, dann zog er mit seinen Kumpanen weiter.

Ich sah schockiert zu Jochen, der sich aufrappelte und erleichtert feststellte: »Ui, da haben wir aber Glück gehabt!«

Ich nickte schockiert. Aber insgeheim dachte ich: »Glück gehabt? Wir haben doch ordentlich eins draufbekommen.« Mir jedenfalls tat mein ganzes Gesicht weh. Anscheinend war das Leben als Nationalist eine ziemlich heikle Angelegenheit.

Trotzdem hatte unser gemeinsames Erlebnis im Park eine positive Begleiterscheinung. Verrückterweise brachte es uns einander irgendwie näher. Anscheinend verband es, wenn man mal gemeinsam eins draufbekommen hatte. Ab sofort redeten wir nicht mehr nur über Politik und Ortsgruppen, sondern auch über uns. Jochen erzählte, dass er genau wie ich – eigentlich genau wie alle anderen aus der Szene, die ich bisher kennengelernt hatte – aus »schwierigen Verhältnissen« stammte. Mit zwölf hatte er seine Mutter tot in der Küche gefunden, nachdem sie sich mit einer Pistole in den Kopf geschossen hatte. Seine Offenheit ermutigte mich, auch meine Geschichte zu erzählen. Zum ersten Mal gestand ich einer anderen Person gegenüber ein, wie sehr ich unter den wechselhaften Partnerschaften meiner Mutter gelitten hatte. Unter ihrer fehlenden Aufmerksamkeit. Unter ihrer Unberechenbarkeit. Darunter, dass sie mich immer nur gehänselt hatte.

Durch meine Gespräche mit Jochen begriff ich auch, wie sehr mir eine Vaterfigur fehlte – und immer gefehlt hatte. Endlich hatte ich jemanden gefunden, dem ich vertraute, jemanden, der sich wirklich für mich zuständig fühlte. Ganz anders als meine Mutter, bei der ich immer nur um Liebe und Aufmerksamkeit buhlen musste, schätzte Jochen mich so, wie ich war. Zum ersten Mal fühlte ich mich komplett angenommen.

Tatsächlich unterstützte mich mein neuer Kamerad, so gut er konnte. Jochen meinte, dass es gut für mich wäre, wenn ich noch ein paar weitere Parteikontakte hätte. »Wenn du erst einmal Ortsgruppenleiter bist, kannst du dich dann mit den anderen Leitern bei Verteilaktionen absprechen und ihr könnt euch gegenseitig unterstützen oder gemeinsame Fahrten zu Demonstrationen organisieren.«

Deshalb wollte Jochen mich am kommenden Wochenende unbedingt dem NPD-Unterbezirksvorsitzenden der nächsten Großstadt vorstellen. Er gab mir seine Adresse und schlug vor, mich direkt bei ihm zu treffen. Denn Rainer war eine »große Nummer« in der Szene. Und zwar im wahrsten Sinne des Wortes. Rainer war nämlich ein Hüne. Fast zwei Meter groß und ein grober Klotz. Er füllte beinahe den kompletten Türrahmen in dem heruntergekommenen Wohnhaus, in dem er mit seiner Familie lebte. Ich war froh, auf seiner Seite zu kämpfen, denn mit ihm hätte ich mich nicht anlegen wollen. Wie gut, dass ich zu diesem Zeitpunkt noch nicht wusste, dass er einmal mein wütendster Gegner werden würde ...

Eingeschüchtert reichte ich Rainer meine schmale Hand, die sofort in seiner versank. Ich war froh, als ich Jochen auf dem Sessel im Wohnzimmer entdeckte. Während ich meinen Freund begrüßte, goss Rainer mir bereits Kaffee in eine schlecht ausgewaschene Tasse. Dann setzte er sich breitbeinig vor uns auf einen Hocker. Ein unangenehmer Typ! In seinen Regalen stapelten sich amerikanische Kriegsfilme. Ich fragte mich, wie man eine deutsch-nationale Partei vertreten konnte, wenn man gleichzeitig Fan von patriotischen US-Streifen war. Dann platzten plötzlich seine Kinder ins Wohnzimmer. Beide noch ziemlich klein. Seine Frau fegte hinterher, um die Kleinen wieder einzufangen. Ich freute mich, weil sie ein bisschen Fröhlichkeit und gute Stimmung in den Raum brachten, aber Rainer blaffte sie an: »Kapiert ihr das nicht? Ihr sollt mich hier nicht stören!« Und zu seiner Frau: »Mensch, kriegst du es nicht mal hin, dich um die beiden Bälger zu kümmern, du dämliche Kuh?!«

Ich war geschockt. Zumal ich wusste, was Gewalt in der Ehe für eine Familie bedeutete. Auch Jochen sah betreten zu Boden, während Rainer seine Frau weiter beschimpfte, bis die ihre Kinder endlich wieder eingefangen hatte und aus dem Wohnzimmer bugsierte. So sah es also aus, das von den Nazis so hochgelobte Mutterglück – eine junge Frau bei ihrer wunderbaren Aufgabe, ihrem Volk Kinder zu schenken ... So hatte ich mir das nicht vorgestellt!

»Ihr sollt ja keine Freunde werden. Ihr sollt ja bloß kooperieren. Vielleicht kann er dich unterstützen? Er ist schließlich sehr gut vernetzt«, beruhigte mich Jochen, nachdem wir nach etwa einer Stunde wieder draußen waren.

Damit hatte er natürlich recht. Trotzdem musste ich diesen Schock erst einmal verdauen. Als Rainer mir allerdings ein paar Tage später per Mail den Segen zur Gründung eines weiteren JN-Stützpunktes erteilte, war ich doch froh, bei ihm gewesen zu sein – auch wenn ich nicht so genau wusste, wie wichtig dieser Segen für mich überhaupt war. Aber es konnte sicher nicht schaden, solche namhaften Verbündeten im Rücken zu wissen.

Insgesamt lief es für mich also eigentlich ganz gut. Bis mein Handy an einem Sonntagmorgen klingelte. Eigentlich wollte ich gar nicht rangehen. Schließlich war es wirklich noch sehr früh. Aber der Anrufer war unglaublich penetrant. Immer wieder wählte er meine Nummer. Verschlafen blinzelte ich auf das Display. Sebastian. Was wollte der denn so früh von mir?

Es war gut, dass ich noch lag. Sonst hätte mich seine Nachricht wohl umgehauen.

4

»Rechte Karriereverläufe entsprechen regelmäßig dem Muster: vom Mitläufer zum Mitwisser zum Mittäter. Das schafft weitere Abhängigkeit im Sinne von Erpressbarkeit und einem potenziellen Status als ›Verräter‹ bei einem Ausstieg. Das Eintauchen in diese Parallelwelt verbindet sich mit dem Zurückstellen der eigenen Interessen und Bedürfnisse (›Du bist nichts, das Volk ist alles!‹) und mit dem Abbruch von bestehenden, nicht rechten sozialen Beziehungen.

Deshalb ist es wichtig, dass die Menschen außerhalb der rechten Szene – also Eltern, Lehrer, Klassen- oder Sportkameraden – im Austausch mit diesen jungen Menschen bleiben. Sie müssen ihnen Beteiligungsformen sowie Anerkennungsfelder in der demokratischen Kultur anbieten, die ein attraktiveres Gegenangebot darstellen. Es ist fatal, die jungen Rechten einfach auszugrenzen.«

ComeBack – Beratung zum Ausstieg aus der rechtsextremen Szene in Dortmund

Hi, Timo! Sag mal, du hast doch mit Jochen zu tun, oder?«

»Ja«, brummte ich verschlafen. Was sollte das denn jetzt?

Ich hörte, wie Sebastian am anderen Ende der Leitung

tief Luft holte. »Dieser Kerl ist ein mieser Verräter. Pass auf, was du ihm erzählst! Der hat sich mit den Linken getroffen. Ich muss noch ein paar andere Leute anrufen und sie warnen. Ich melde mich noch mal im Laufe des Tages bei dir. Halt die Ohren steif!« Dann legte er auf.

Ich lag mit Herzrasen im Bett und umklammerte mein Telefon. Jochen sollte ein Verräter sein? *Mein* Jochen? Das war nicht möglich! Wir waren doch ständig zusammen. Er hätte mir sicher erzählt, wenn er sich mit Linken getroffen hätte! Voller Panik schickte ich ihm eine Nachricht. Ihn anzurufen, traute ich mich nicht. Keine Ahnung, warum. Irgendwie brauchte ich diesen Abstand, den mir das Schreiben gerade verschaffte. Denn mich überkam ein Gefühl, das ich schon von früher kannte. Das Gefühl, wenn meine Mutter mal wieder unsere Familie zerschlagen hatte. Genauso fühlte es sich an. Immerhin antwortete Jochen sofort auf meine Nachricht. Seine Antwort traf mich allerdings noch heftiger als neulich der Faustschlag auf der Bank.

»Es stimmt, ich habe mich mit Linken getroffen«, gab Jochen in seiner für ihn so typischen ehrlichen Art zu.

»Aber warum?«, schickte ich sofort hinterher.

»Weißt du, seit einiger Zeit geistert durch die linke Szene die Geschichte, dass Sebastian seine Freundin schlägt. Und mir war sehr wichtig herauszufinden, was da dran ist, weil sie mir sehr am Herzen liegt.«

Ich sah Daniela wieder vor mir. Den blonden Engel vom Grillabend nach der Demo. »Sag mal, du hast dich doch nicht ernsthaft in die Freundin vom Landesvorsitzenden verschossen?«

Jochen antwortete: »Jetzt lass mal seine Position da raus. An die ist er doch eh nur durch Zufall gekommen. Ja, ich empfinde etwas für Daniela. Aber ich weiß auch, dass aus uns nichts werden kann. Schon wegen der Kinder.«

Nun wurde ich wütend. Man zerstörte doch keine Familie. Noch dazu die von einem Freund. »Was bist du denn für ein Kameradenschwein? Willst einem Kameraden die Freundin ausspannen! Ich fass es nicht, dass du dich mit den Zecken getroffen hast.«

Ich war jetzt wirklich sauer auf Jochen. Auch wenn er mein Freund war. Das, was er da veranstaltete, war nicht in Ordnung. Absolut nicht!

»Ich habe mich nur ein einziges Mal mit jemandem getroffen. Ich habe nichts von unserer Organisation erzählt und nichts verraten.«

Trotzdem. Das reichte mir. Ohne mich zu verabschieden, legte ich mein Handy zur Seite. Dabei konnte ich im ersten Moment gar nicht richtig sagen, worüber ich so entsetzt war. Ich saß auf meinem Bett und überlegte. Sein Gespräch mit den Linken fand ich, wenn ich ehrlich war, gar nicht so dramatisch. Ich konnte es sogar nachvollziehen. Und wenn Daniela tatsächlich geschlagen wurde, wie viel Wert hatte dann ihre Beziehung zu Sebastian? Gar keinen! Und dass Jochen gerne herausfinden wollte, ob dieses Gerücht stimmte, konnte ich ebenfalls verstehen. Vor allem, wenn er in Daniela verliebt war. Aber warum tobte dann dieses Gefühlsunwetter in mir?

Mir war speiübel. In mir brodelte ein giftiger Cocktail

aus Wut und Enttäuschung. Ich war sogar grenzenlos enttäuscht. Nicht weil Jochen mit den Linken geredet hatte. Sondern weil er über diese wichtige Angelegenheit nicht mit mir gesprochen hatte. Dabei waren wir doch Freunde! Oder etwa nicht? Jochens Verhalten verunsicherte mich. Gleichzeitig spürte ich eine Riesenwut auf ihn. Die Kameradschaft, die Partei, Jochen, Sebastian – all das war schließlich meine neue Familie geworden. Mein ganzer Halt. Jochen hatte mit seiner Aktion in Kauf genommen, diese neue Familie zu zerstören. Das hieß doch: Er war letztendlich auch nicht besser als meine Mutter! Und das war das Schlimmste. Einen kurzen Moment fühlte ich mich völlig haltlos. Als hätte sich der Boden unter mir aufgelöst. Meine Hände krallten sich in meine Bettdecke und ich musste mich zwingen, ruhig weiter nachzudenken. Ganz sachlich.

Wenn Jochen als meine Bezugsperson wegfiel, was blieb mir dann? Dann blieb mir ein Sebastian, der versprochen hatte, dass ich eine Ortsgruppe gründen dürfte. Ohne ihn würde ich meine Ortsgruppe vergessen können. Da konnte ich gleich wieder Dorfnazi werden. Einer, der seine Aufkleber kaufen musste ...

Ich steckte in einem ziemlichen Dilemma. Auf der einen Seite mein vermeintlich bester Freund, der mich gerade grenzenlos enttäuscht hatte. Auf der anderen Seite ein Mann, mit dem ich bislang kaum zu tun hatte und der mir bei der Vorstellung, dass er seine Freundin schlug, nicht unbedingt sympathischer wurde. Hätte ich auf mein Herz gehört, wäre mir die Entscheidung leichtgefallen. Dann wäre ich zu Jochen gefahren und hätte mit ihm über alles geredet. Denn in diesem Punkt unterschied er sich eben doch von meiner Mutter. Mit ihm hätte ich reden können! Aber da war noch mein Kopf. Und der schrie: Bist du wahnsinnig? Zum ersten Mal hast du die Chance, etwas zu erreichen – und das willst du nun wegwerfen? Wofür? Für einen Typen, der die Sachen, die ihm richtig wichtig sind, heimlich macht. Hinter deinem Rücken.

Und dann fasste ich einen Entschluss, den ich für alle Zeiten bereuen würde: Ich beschloss, den Kontakt zu Jochen abzubrechen. Dieser Typ war für mich gestorben.

Sofort rief ich Sebastian an, um ihm das mitzuteilen – schließlich wollte ich wenigstens das Lob dafür ernten, dass ich meinen einzigen Freund für die vage Hoffnung fallen ließ, Ortsgruppenleiter einer vier Mann starken Truppe zu werden. Während ich Sebastian am Telefon versicherte: »Mit diesem Kameradenschwein will ich nix mehr zu tun haben!«, erschrak ich selbst vor mir. Ich war nicht nett. Nett war abgeschaltet. Stattdessen hatte ich nur mein Ziel vor Augen. Genau genommen war *ich* gerade das Kameradenschwein. Ich fühlte mich elend.

Sebastian dagegen klang sehr zufrieden: »Gut so! Der hat dir eh nicht gutgetan. Wenn du Lust hast, komm doch mal bei uns vorbei! Oder noch besser: Was hältst du davon, wenn du mit zum Pressefest kommst, das in zwei Wochen stattfindet?«

Mein Herz machte einen Hüpfer. »Zum Pressefest? Gerne!«

Das sogenannte Pressefest war eine Veranstaltung der *Deutschen Stimme,* dem Presseorgan der NPD. Das war ungefähr so, wie wenn man als normaler Bundesbürger bei Frau Merkel zum Spargelessen eingeladen wurde. Eine Sensation für einen aufstrebenden Dorfnazi wie mich!

Dieses Fest war legendär. Es fand einmal im Jahr statt und ging meist über ein ganzes Wochenende. Dort würde ich den Bundesvorsitzenden der NPD treffen, ebenso wie sämtliche Nazi-Größen unseres Landes. Ihre Namen kannte ich alle aus dem Internet oder aus meinen Unterhaltungen mit Jochen. Nun würde ich ihnen leibhaftig gegenüberstehen. Noch dazu würden sämtliche Bands spielen, die in der Szene Rang und Namen hatten. Kurzum: Die Freude auf dieses Fest erleichterte mir die Trauer über das Ende meiner Freundschaft mit Jochen. Mit der Eintrittskarte für das Sommerfest hatte ich die falsche Bestätigung erhalten, die richtige Entscheidung getroffen zu haben.

Da Jochen nun wegfiel, bemühte ich mich wieder um einen Schulterschluss mit meiner Mutter. Zwar war unser Verhältnis angespannt, seit sie sich geweigert hatte, mir die sechzig Euro für die JN-Mitgliedschaft zu geben, aber ich konnte es ja noch einmal versuchen ...

»Du, Mama!«, sprach ich sie an, als ich sie einmal ohne Robert und meine Geschwister in der Küche erwischte, »weißt du, wo ich am Wochenende hinfahre? Zum Pressefest der *Deutschen Stimme.* Total cool!«

Aber noch ehe ich ihr aufdröseln konnte, *wie* cool dieses Fest war, stöhnte sie schon: »Hast du denn überhaupt nichts anderes mehr im Kopf? Hängst nur noch mit diesen Parteiaffen rum. Geh mal lieber arbeiten, anstatt das Geld für diesen Mist aus dem Fenster zu werfen.«

Das sagte ja die Richtige! Ich glaube, meine Mutter hatte in ihrem ganzen Leben noch nie gearbeitet. Aber das behielt ich jetzt lieber für mich. Stattdessen drehte ich mich enttäuscht um und ärgerte mich darüber, dass meine Mutter so ein Wendehals war. Früher war sie selbst in der Szene unterwegs und total begeistert gewesen. Und nur weil ich nun konsequenter war als sie, wollte sie nichts mehr davon wissen. Ich nahm mir vor, künftig nur noch das Nötigste mit meiner Mutter zu besprechen. Außerdem versuchte ich, ab sofort zu ignorieren, wenn sie sich mit meinem Stiefvater über mich lustig machte. Wenn er zum Beispiel scherzte: »Klopf doch mal beim großen Führer an die Tür und sag ihm, dass das Abendessen fertig ist.«

Worüber sie sich schieflachte und entgegnete: »Bei Hitler sah das Zimmer aber bestimmt sauberer aus als bei Timo.« Dämliche Sticheleien. Egal! Schließlich hatte ich inzwischen ohnehin eine neue Familie gefunden: meine Partei.

Sebastian bemühte sich seit dem Bruch mit Jochen sehr um mich. Er bot mir sogar an, mich zum Pressefest in seinem Auto mitzunehmen. Ich! Im Auto des Landesvorsitzenden! Genauso gut hätte ich in einer goldenen Kutsche fahren können ...

Mit einem erhabenen Gefühl schlug ich die schwere Beifahrertür seiner schwarz glänzenden Limousine zu – selbstverständlich ein deutsches Fabrikat. Wir waren kaum losgefahren, da kam Sebastian auf den Verräter Jochen zu sprechen. Wobei keine wirkliche Unterhaltung stattfand. Stattdessen beschimpfte Sebastian meinen ehemaligen Freund beinahe durchgängig als »Spinner«, »Idiot«, »Lügner« und »Psycho«. Auch die Vorwürfe, er würde Daniela schlagen, wären absoluter Blödsinn und lediglich Jochens blühender Fantasie entsprungen. Ich nickte bei allem, was er sagte, und lachte, wenn Sebastian besonders bösartige Sprüche über Jochen klopfte. Keine Frage: Sebastians Version beruhigte mein schlechtes Gewissen. Trotzdem tat mir mein ehemaliger Freund leid. Sebastian machte ihn in der Szene zu dem Verräter, der Jochen in Wahrheit nie gewesen war. Gemeinerweise hatte seitdem eine regelrechte Jagd auf Jochen begonnen. Jeder wollte der Erste sein, der ihn in die Finger bekam. Ich hatte bislang nur davon gehört, wie man mit Verrätern verfuhr. Beispielsweise wurde gemunkelt, dass angebliche Selbstmorde in Wahrheit Morde waren. Solche Kameradenschweine wurden regelmäßig übel zusammengeschlagen, ihre Häuser mit miesen Sprüchen verziert. Deshalb war ich beinahe froh, als ich erfuhr, dass Jochen untergetaucht war. Schließlich war ich mir ziemlich sicher, dass Sebastians Behauptungen nicht stimmten. Eigentlich glaubte ich Jochen. Auch wenn ich das niemals zugegeben hätte. Ich hatte das Gefühl, keine andere Wahl zu haben, wenn ich nicht alles zerstören wollte, was ich mir aufgebaut hatte ...

Gerade knurrte Sebastian wieder: »Wenn ich den erwische ...«

Ich nickte müde.

Da das Pressefest beinahe am anderen Ende des Landes stattfand, war es schon dunkel, als wir endlich ankamen. Im Scheinwerferlicht von Sebastians Auto bauten wir unsere Zelte auf und krochen anschließend in unsere Schlafsäcke. Als ich am nächsten Morgen viel zu früh von den lauten Begrüßungsrufen unserer Zeltnachbarn geweckt wurde, suchte ich erst einmal eine Toilette und musste schmunzeln. Da standen in einer langen Reihe *braune* Dixi-Klos. Wie passend!

Inzwischen war auch Sebastian aufgestanden. »Hast du auch so einen Hunger wie ich?«, fragte er mich und ich nickte.

Wir brachen zum Festplatz auf, der beinahe durchgängig von weißen Plastikplanen umspannt war, damit keine ungebetenen Zuschauer hier auftauchten.

Sebastian sah sich um: »Worauf hast du Appetit?«

Wir hatten die Wahl zwischen den Thüringer Bratwürstchen der JN Thüringen und den Käsespätzle der JN Baden-Württemberg. Ich entschied mich für die Thüringer. Überall standen Buden mit Fahnen und Aufklebern. Dazwischen Bierzelte und Rednerpulte. Ich konnte mich gar nicht sattsehen. Und noch weniger satthören. Alle paar Meter blieb Sebastian stehen, um eine neue Partei-Größe zu begrüßen. Auf den T-Shirts trugen sie Aufdrucke mit rechten Parolen wie »Wir zerschlagen das System«. Was mich am meisten verwirrte: Man könnte ja annehmen, dass im Nationalen Widerstand eine Einigkeit herrscht wie in keiner anderen Bewegung, schließlich hat man gemeinsame Feinde, dieselben Ideale. Aber falsch gedacht! Auf diesem Fest lernte ich: Es gab drei große Strömungen.

Da waren beispielsweise die Autonomen Nationalisten. Zu ihnen hatte Jochen gehört. Ihnen ging es vor allem darum, das kranke System der BRD mit seinen heuchlerischen »Demokröten« zu zerstören. Um dieses Ziel zu erreichen, fanden er und einige andere es legitim, sich notfalls auch mit den Linken zu verbünden. Bislang hatte ich geglaubt, das sei die gängige Meinung *aller* Rechten. Doch das stimmte nicht. Sebastian sah das ganz anders. Er war eher dafür, alle Linken zu deportieren – wie man das in der deutschen Geschichte schon einmal so erfolgreich geschafft hatte. Sein Traum war es, von Steuergeldern finanziert mit der NPD die Macht zu ergreifen. Ähnlich wie 1933. Mit dieser Einstellung zählte er eher zu den Völkischen Nationalisten. Sie wünschten sich das Dritte Reich zurück – eigentlich mit allem, was dazugehörte. Bei ihnen trugen die Männer Braunhemden, die Frauen erkannte man an ihren geflochtenen Zöpfen, ihren weißen Blusen und langen Röcken. Das Einzige, was diese beiden Gruppierungen gemeinsam hatten, war ihre Ablehnung der dritten Gruppe, der rechten Skinheads. Das waren für sie nur saufende Proleten. Dass es trotzdem manchmal zu Vermischungen kam, lag an den Parteizugehörigkeiten. Deshalb war auch bei diesem Fest das Publikum ziemlich *braun* gemischt. Dadurch entstanden manchmal sehr schräge Unterhaltungen: Während der eine Gesprächspartner den Holocaust gänzlich leugnete, wünschte ihn sich der nächste zurück, um seine Feinde loszuwerden. Alles klar!

Obwohl ich grundsätzlich eher Jochens Einstellung geteilt hatte, hörte ich in den kommenden Wochen genau zu, wie Sebastian die Welt sah. Schließlich war er mein neuer Mentor. Und als solcher empfahl er mir eine unendlich lange Liste von Büchern, die ich unbedingt lesen sollte. Darin ging es hauptsächlich um irgendwelche Verschwörungstheorien. So war auch der 11. September für Sebastian ganz klar inszeniert gewesen. »Damit wollten die Amis doch nur den Krieg im Mittleren Osten rechtfertigen! Und mal unter uns: Die haben die Türme doch gesprengt. Die Flugzeuge waren garantiert nur Attrappen.«

Als Beweis für diese Behauptung führte Sebastian an, dass im gesamten Gebäudekomplex an diesem Tag kein einziger Jude anwesend gewesen sein soll. »Da kannst du mal wieder sehen: Die ganze Welt wird von Israel gelenkt.«

Sebastian schwadronierte über Abhöraktionen und Satellitenüberwachungen, und obwohl mir einige seiner Geschichten ziemlich überdreht vorkamen, tat ich immer so, als würden sie mich voll und ganz überzeugen.

Sebastian rief mich regelmäßig an, um abzufragen, ob ich auch wirklich jedes seiner empfohlenen Bücher gelesen hätte, und ich antwortete jedes Mal brav: »Ja, na klar!«

»Hat es dir auch gefallen?«

Und wieder: »Ja, na klar!«

Innerhalb weniger Wochen schloss Sebastian mich so sehr in sein Herz, dass der Gründung meiner Ortsgruppe eigentlich nichts mehr im Wege stand – außer, dass sie mindestens fünf Mitglieder stark sein musste. Fünf! Und wir waren nur zu viert! Sebastian meinte, ich solle Kontakt zu anderen Gruppen aus der Umgebung aufnehmen. Eventuell ergaben sich daraus neue Mitglieder – oder zumindest gemeinsame Aktionen. Mit unseren vier Leuten war schließlich nicht viel zu bewegen. Deshalb gab mir Sebastian die Nummer von Tristan: »Das ist ein guter Mann. Er leitet eine Kameradschaft ganz in deiner Nähe.«

Sofort rief ich Tristan an, der mir, nachdem ich Sebastian erwähnt hatte, gleich ein Treffen vorschlug. Allerdings in seinem Heimatort und der lag sechzig Kilometer entfernt. Aber glücklicherweise hatte ich Untergebene mit Führerschein. Ralf war sofort bereit, mich zu fahren. Er war wahrscheinlich selbst froh, mal andere Leute aus der Bewegung kennenzulernen – und nicht immer nur mit Heiner, Klaus und mir in der Gartenlaube hinter dem Haus meiner Eltern zu hocken.

Tristan erwartete uns am Rande eines Waldwegs. »Weil so schönes Wetter ist, treffen wir uns draußen«, grinste er. Er hatte seinen Arm um ein zierliches Mädchen gelegt. »Meine Freundin Tamina.«

Der Stolz über seine Freundin war ihm deutlich anzusehen. Ich tippte, dass die beiden noch nicht allzu lange zusammen waren. Tamina lächelte und reichte uns ihre zarte Hand, von der überhaupt kein Gegendruck kam. Sie hatte ihre Seitenzöpfe geflochten und trug einen langen dunklen Rock zu einer weißen Bluse – ganz wie im Bund Deutscher Mädel, der Mädchen-Organisation der Hitlerjugend. Offensichtlich gehörten

Tristan und sie zu den Völkischen Nationalisten, den eher traditionell geprägten Rechten. Denn auch Tristan hatte das typische Braunhemd und eine Zimmermannshose an. Gemeinsam führten sie uns über den Waldweg zu einer kleinen Lichtung. Ich beobachtete Ralf dabei, wie er Tamina interessiert musterte. Mädchen waren in unseren Reihen immer etwas Besonderes, weil es leider nicht sehr viele gab. Auf zehn Jungs kam in der Szene etwa ein Mädchen. Das war problematisch. Denn leider standen »normale« Mädels nicht unbedingt auf Nazis ... Deshalb waren Ralf und ich zuerst auch ein klein wenig verunsichert in Taminas Gegenwart. Zumal sie wirklich hübsch war.

»Ihr werdet schon erwartet!« Tamina lachte und warf uns dabei einen Blick zu, bei dem mir ganz flau wurde.

Dann setzte sie sich auf einen freien Platz auf einem Baumstamm, vor dem ein kleines Lagerfeuer brannte. Drumherum saßen etwa zehn Kameraden in braunen Hemden und mit kurz geschorenen Haaren. Neugierig schauten sie uns an und nickten uns zu. Aus einem Lautsprecher sang Hans Albers »Flieger, grüß mir die Sonne« und über uns flatterte eine Hakenkreuzfahne. Das erschütterte mich ein wenig. Zumal hier ständig Spaziergänger mit ihren Hunden oder Jogger vorbeikamen, die jedes Mal entsetzt in unsere Runde starrten – schließlich war die Hakenkreuzfahne in Deutschland verboten. Noch dazu wurde Hitler von einigen Deutschen außerhalb unserer Gruppe ja durchaus kritisch beurteilt. Unsicher sah ich mal wieder einem Waldläufer hinterher, als mir Tristan lachend auf den

Oberarm knuffte. Dann schoss er ein paar Fotos mit seinem Handy, die er mir später mailen wollte. »In den Sommerferien organisiere ich ein Wehrsportlager«, sagte er gut gelaunt. »Magst du nicht auch kommen? Dort kannst du noch ganz viele andere Kader kennenlernen«, schlug er vor.

Ich überlegte. Das würde mir zwar nicht mein fehlendes fünftes Mitglied für meine Gruppe bringen. Andererseits waren neue Kontakte in die Szene immer gut. Außerdem klang es ziemlich spannend, was Tristan erzählte.

»Wir bieten sogar Schulungen an: Überlebenstraining, Unterricht im Formaldienst, Waffenkunde, Schießtraining, Nahkampf, Rassenlehre, Kriegstaktik. Kostet allerdings hundert Euro.«

»Okay!«, sagte ich, obwohl sich einige Punkte eindeutig nach Sport anhörten und mich daher eher abschreckten. Aber da ich eh gerade zweihundert Euro von meiner Uroma für die Ferien bekommen hatte, erschien mir dieses Lager eine lohnende Investition zu sein – für meine neue Karriere als Nazi. »Ich bin dabei«, beschloss ich deshalb.

Was tat ich nicht alles für mein Vaterland ...

Ralfs Augen strahlten. Ich sah ihm an, dass er sich am liebsten auch gleich angemeldet hätte. Allerdings hielt ich das für keine gute Idee. Deshalb schüttelte ich unauffällig den Kopf, noch bevor er etwas sagen konnte. Meine Jungs wussten zu wenig. Ich hatte ihnen noch nicht genug beigebracht und hatte Angst, dass sie mich bei einer solchen Veranstaltung blamieren könnten.

Deshalb fuhr ich vier Wochen später allein zum Wehrsportlager. Das bedeutete, dass ich zu einem Ort, der gerade mal zweihundert Kilometer entfernt lag und mit Ralfs Wagen locker in zwei Stunden zu erreichen gewesen wäre, nervtötende *vier* Stunden mit der Bahn brauchte. Schon alleine deshalb, weil ich *drei* Mal umsteigen musste und dabei einmal meinen Anschlusszug verpasste.

Dementsprechend schlecht gelaunt kam ich am Zielbahnhof an. Übrigens ohne zu wissen, wo ich überhaupt hinmusste. Schließlich war dieses Wehrsportlager streng geheim, da Lager, in denen illegale Schießübungen abgehalten und Hakenkreuzfahnen gehisst wurden, selbstverständlich verboten waren. Ich musste also eine Nummer anrufen, die Tristan mir gegeben hatte, und dann an einer entlegenen Bushaltestelle darauf warten, dass ich abgeholt wurde. Diese Geheimniskrämerei ging mir ziemlich auf die Nerven.

Als endlich der Wagen mit meinem Fahrer kam, sah der sich aufgeregt um. »Wir müssen aufpassen, dass uns die Bullen nicht erwischen. Die haben spitzgekriegt, dass hier irgendetwas läuft. Vorhin ist hier sogar schon ein Bullenhubschrauber über den Wald geflogen.«

Automatisch zog ich den Kopf ein und scannte ängstlich den Himmel ab. Sie suchten sogar mit Hubschraubern nach uns. Nun war ich beeindruckt und unser Zeltlager kam mir gleich mindestens zehn Mal so wichtig vor. Nachdem Jens und ich eine Weile über die Landstraße gebrettert waren, wobei wir uns völlig belanglos über das ungewöhnlich heiße Wetter unterhielten, bog mein Fahrer plötzlich in einen schmalen Waldweg ab. Dann in einen noch holprigeren Feldweg. Einmal ums gesamte Maisfeld herum, bis wir plötzlich vor einem Schlagbaum hielten, neben dem ein Kerl mit Stahlhelm und in Tarnkleidung stand – wir befanden uns offenbar im Krieg. Nur trug unser Wachmann keine Waffe, sondern eine Kladde.

»Name?«, fragte er forsch.

Ich antwortete zackig: »Timo.«

Der Mann am Schlagbaum setzte auf seiner Liste einen Haken und griff dann – anstatt uns reinzulassen – sein Telefon.

Ich war irritiert. »Ist alles in Ordnung?«

Aber offenbar war es das.

»Du darfst rein!«, grinste unser Wachmann nach seinem Telefonat, öffnete den Schlagbaum und rief überraschend fröhlich: »Bis später am Lagerfeuer!«

Unser Wagen fuhr neben eine große Scheune am Rande des Zeltplatzes, auf dem etwa dreißig überwiegend olivgrüne Männer damit beschäftigt waren, drei große ebenso olivgrüne Zelte aufzubauen. Mehrere kleinere weiße Zelte standen bereits. Außerdem ein Grill, Bierbänke und Tische – versteckt unter einem riesigen Tarnnetz. Die einzige Frau, die zu sehen war, schleppte gerade Holz für das Lagerfeuer heran.

»Hallo!«, rief ich in die Runde und wurde skeptisch beäugt. Um einen möglichst sympathischen Eindruck zu hinterlassen, begegnete ich den strengen Blicken mit einem Lächeln und machte mich dann schleunigst auf den Weg zur Lagerleitung, zu Tristan. Er und Tamina waren die Einzigen, die ich hier kannte. Es war nicht schwierig, das richtige Zelt zu finden, da an allen Zelten kleine Schiefertafeln hingen. Ich musste zum »Führerbunker«, wo mir Tamina bereits entgegenkam. Offenbar gab es insgesamt zwei Frauen auf dieser Veranstaltung. Keine besonders gute Quote bei etwa vierzig Männern. Aber das nahm ich nur am Rande wahr. Für eine Beziehung hätte ich eh keine Zeit. Jetzt musste ich erst einmal das Vaterland retten.

»Na, auch endlich da?«, begrüßte mich Tamina, woraufhin ich sofort das Gefühl hatte, mich rechtfertigen zu müssen. Aber Tamina redete schon weiter: »Hattest du eine gute Fahrt? Hast du dir schon ein Zelt zum Schlafen ausgesucht? In beiden ist noch Platz.« Dabei deutete sie mit einer Handbewegung auf zwei Zelte, auf denen »Lagerwache« und »Germania« stand.

Ich entschied mich für »Germania«. Das klang irgendwie ruhmreicher.

Tamina nickte: »Gute Wahl! Dieses Zelt macht im Gegensatz zu dem anderen morgens Frühsport.«

Entsetzt zog ich meine Augenbrauen hoch und überlegte, ob es wohl sehr peinlich wäre, jetzt noch das andere Zelt zu wählen, da prustete Tamina los: »Keine Sorge! War nur ein Scherz! Leg schnell deine Sachen ab und dann setz dich ans Lagerfeuer. Ich hol Tristan.«

Damit war sie verschwunden. Ich ärgerte mich, dass Tamina mir mein Entsetzen über den möglichen Frühsport gleich angesehen hatte – aber nach Bewegung war mir tatsächlich überhaupt nicht. Mir lief schon der Schweiß alleine vom Rucksack-Schleppen. Außerdem war ich total erledigt von der Anreise und hungrig wurde ich allmählich auch. Dementsprechend maulig wartete ich kurz darauf vor dem Holzhaufen, der mal ein Lagerfeuer werden sollte, auf Tristan. Der schien sich wirklich zu freuen, mich zu sehen.

»Alles klar bei dir? Wir sind noch mit dem Aufbau beschäftigt. Wär nett, wenn du mithelfen könntest.«

Wobei sein »wär nett« eigentlich nicht so klang, als ob ich eine andere Wahl hätte. Deshalb sagte ich: »Klar, kein Problem!« Wobei ich versuchte, nicht so genervt zu klingen, wie ich mich inzwischen fühlte. Immerhin hatte ich für das Camp gezahlt. Und nun musste ich beim Aufbau helfen?

Aber ich merkte schnell, dass dieses Lager nichts mit den gemütlichen Zeltausflügen unseres heimischen Schützenvereins zu tun hatte, an denen ich als Kind gelegentlich teilgenommen hatte. Da war natürlich alles organisiert gewesen und man hatte sich um nichts kümmern müssen. Bei diesem Lager lautete das Motto: »Die Speerspitze ist vorn!«

Deshalb zog ich mir artig eine robuste Tarnhose an und sprühte mir noch einmal großzügig Deo unter die Achseln, weil ich mich furchtbar schämte, wenn ich nach Schweiß roch – da zog ich lieber einen meterlangen Geruchsschleier hinter mir her. Ein Mann, der gerade einen Hering in den Boden schlug und vom Alter her beinahe mein Opa hätte sein können, rümpfte die Nase, als ich neben ihm auftauchte: »Der riecht ja wie eine bengalische Tempelhure.«

Ein paar der Umstehenden lachten und ich dachte:

»Nette Begrüßung!« Aber ich tat so, als hätte ich nichts gehört, und fragte, was ich tun könnte.

»Du kannst helfen, Feuerholz zu holen«, wies Tristan mich an, der die Arbeiten hier offenbar koordinierte. Zumindest sah ich ihn immer nur reden – nie anpacken.

Ich reihte mich also in eine längere Menschenkette ein, in der wir uns über einen kleinen Bach Stücke von Baumstämmen reichten, die jedes mindestens so groß wie ein Basketball und dementsprechend schwer waren. Nach zwei Stunden war Tristan endlich der Meinung, wir hätten nun ausreichend viel Holz zusammen. Ganz ehrlich: Aus der Holzmenge, die sich jetzt neben dem Lagerfeuer stapelte, bauten andere Leute Häuser. Aber Widerspruch wurde nicht gern gesehen. Bei uns wurde gehorcht, nicht diskutiert.

Immerhin gab es nun etwas zu essen. Erbsensuppe. Aus einem überdimensionalen Kochtopf, auf dessen dicken Bauch mit krakeliger Schrift der Spruch »Die Räder müssen rollen für den Sieg« gepinselt worden war. Das Motto der Deutschen Reichsbahn während des Zweiten Weltkrieges.

Als ich bereits beim zweiten Teller Suppe war, setzte sich Tristan neben mich. Er sah zufrieden aus und schwärmte von den vielen Aktionen, die seine Gruppe regelmäßig organisierte. Nach dem Wehrsportlager würden sie einen Volkstanzkurs veranstalten. Ich nickte freundlich und hütete mich davor, mich dafür anzumelden. Das fehlte mir noch! Mit dem »Volkstanzkurs« konnte ich allenfalls meinen Kameraden drohen, wenn sie mal nicht spurten.

Aber ich merkte sowieso recht schnell, dass Tristan ganz anders unterwegs war als ich. Er gehörte zu der Fraktion, die sogar strikt gegen Trinken und Rauchen war. Ganz nach dem Motto: Dein Körper gehört dem Volk. Das war mir zwar zu extrem, trotzdem verkniff ich mir meine Zigarette, solange Tristan neben mir saß – ich war mal wieder angepasst unter den Nichtangepassten.

Später bekam ich mit, dass Tristan entgegen seiner Überzeugung eine Raucherecke eingerichtet hatte. Hinten bei der Scheune. Dort versammelte sich nach dem Essen mindestens die Hälfte der ganzen Truppe. Als ich mich zu ihnen gesellte, herrschte gerade Aufregung: »Ich sage euch: Das waren Zecken! Auf jeden Fall!«

Ich sah mich um. »Wo waren Zecken?«

Ein dicklicher Typ mit einem mutmaßlichen IQ von Raumtemperatur wirkte aufgeregt: »Dahinten haben wir ein paar Autos gesehen. Ich schwöre: Das waren Linke!«

Zuerst nahm ich diese Behauptungen nicht besonders ernst. Schließlich hatte in unseren Kreisen immer irgendwer irgendwelche Linken gesehen, die uns ganz bestimmt verprügeln wollten. Aber im Laufe des Abends wurden die Stimmen immer aufgeregter. Inzwischen wollte sogar einer meiner Zeltkameraden wissen, dass sich die Linken bereits im benachbarten Waldstück versammelten, um dann mitten in der Nacht zuzuschlagen. Jetzt nahm ich die Sache ernst. Schließlich war ich nicht in dieses Zeltlager gefahren, um mir die Birne einschlagen zu lassen. Mir hatte meine erste Begegnung mit dem politischen Gegner gereicht.

Ich wollte auf keinen Fall mitten in der Nacht aufwachen – mit einem Ast im Gesicht.

Beunruhigt fragte ich Tristan: »Meinst du nicht, wir sollten dann lieber von hier abhauen?«

Seine erste Reaktion: »Was bist du denn für ein Weichei?«

Dieser Satz traf mich wie ein Keulenschlag. Erinnerte er mich doch sehr an zu Hause.

»Wenn du willst, kannst du ja abhauen. Ich laufe nicht weg. Wenn die Linken kommen, kriegen sie eine aufs Maul!«

Nun fühlte ich mich doppelt elend: weil ich wirklich Angst hatte, und weil Tristan mich für ein Weichei hielt. Ich versuchte, mich herauszureden: »Ich meine ja nur, weil wir doch auch Frauen im Lager haben, die sich nicht wehren können.«

Kleinlaut schlich ich davon. Während die anderen am Lagerfeuer feierten, setzte ich mich in die Raucherecke – in der Hoffnung, mit Nikotin meine Nerven ein wenig zu beruhigen. Neben mir zog ein Typ mit einer Nickelbrille und Glatze ähnlich hektisch an seiner Zigarette. Auch er war nervös wegen des drohenden Angriffs. Es stellte sich heraus, dass Volker ebenfalls in meinem Zelt untergebracht war. Für ihn war es allerdings nicht das erste Lager dieser Art. Er besuchte diese Wehrsportübungen regelmäßig und kannte dadurch auch die meisten der anderen Teilnehmer schon länger.

»Das da ist Holger«, erklärte er mir und deutete auf einen schmalen Mittzwanziger, der einen strengen Seitenscheitel trug. Er sah nicht gerade Furcht einflößend aus, eher so wie Muttis Liebling. Trotzdem erklärte Volker mir, dass Holger gerade erst den Vorsitz einer berüchtigten Hooliganvereinigung aufgegeben hätte, um sich verstärkt im Nationalen Widerstand einzubringen.

Ich wunderte mich. Hooligans hatte ich mir ganz anders vorgestellt.

Aber Volker war schon beim Nächsten. »Und das ist Jan. Der ist ein hohes Tier bei der Bundeswehr und bringt uns alles bei, was wir im Falle eines Krieges können müssen.«

Ich sah auf einen stämmigen Mann, der sich gerade zusammen mit einem Kameraden beim Hitlergruß fotografieren ließ.

»Sein Kumpel heißt Rüdiger. Der ist von der Schule geflogen, weil er sich ein Hakenkreuz tätowieren lassen hat und sich weigerte, es im Unterricht abzudecken.«

So ging es eigentlich den ganzen Abend weiter. Ich kam gar nicht mehr aus der Raucherecke raus und machte mich erst gegen Mitternacht mit Volker auf den Weg zu unserem Zelt, wo ich mich sofort in meinen Schlafsack kuschelte und einschlief, ohne noch einen einzigen Gedanken an den möglichen Zeckenangriff zu verschwenden.

Doch kaum war ich im Tiefschlaf versunken, wurde ich plötzlich von einem Schrei geweckt: »Die Zecken kommen!«

Ich brauchte einen Moment, um zu begreifen, wo ich war und was dieses Geschrei zu bedeuten hatte. Doch dann fiel mir alles schlagartig wieder ein: Zecken –

Zeltlager – Überfall. Ich musste schleunigst verschwinden!

Blitzschnell sprang ich aus meinem Schlafsack. Während die anderen noch in ihre Hosen und Stiefel schlüpften, stürzte ich panisch an ihnen vorbei in Richtung Ausgang. Bloß weg hier. Barfuß und in Boxershorts stolperte ich über unzählige Taschen und Füße. Meine Kameraden schimpften. Aber das war mir egal. Ich wollte nur raus aus dieser Todesfalle. Mich sollten die linken Angreifer nicht in die Finger kriegen!

Glücklicherweise hatte ich mir schon gestern, als das Gerücht zum ersten Mal aufgekommen war, einen Fluchtweg überlegt: Ich wollte einfach im benachbarten Maisfeld verschwinden. Doch leider zuckte es hell über den Himmel, gerade als ich meine Nase aus dem Zelt steckte. Offenbar schossen meine Kameraden Leuchtraketen in die Luft. Das war's mit meiner Flucht! So konnte ich niemals ungesehen entkommen. Stattdessen riefen mir drei dunkle Gestalten zu: »He, du bist doch der Neue! Die Linken sollen im Wald sein. Los, komm mit!«

Das war's! Ich war erledigt! Hätte ich mich jetzt geweigert, hätte ich mich nie wieder irgendwo blicken lassen können. Auf das Schlimmste vorbereitet schlich ich den dreien hinterher. Mein Herz schlug bis zum Hals und mein Mund war so trocken wie das tote Buschwerk, durch das wir uns schlagen mussten. Bei jeder Bewegung raschelte es so laut, dass es in meinen Ohren widerhallte. Unser politischer Gegner würde also genau wissen, aus welcher Richtung wir uns näherten.

So konnte er uns – bestimmt schwer bewaffnet und in großer Überzahl – perfekt auflauern. Ich fühlte mich schrecklich.

Da lachte plötzlich jemand auf: »He, ihr da, kommt zurück! Das war bloß eine Übung. Ihr müsst nicht gleich bis zum Bundestag marschieren. Kehrt Marsch!«

Nun erkannte ich Tristans Stimme – und plötzlich spürte ich zum allerersten Mal in meinem Leben tatsächlich das Bedürfnis, jemanden zu verdreschen. Dieser Kerl hatte mich in Todesangst versetzt! Nur zum Spaß ... Gleichzeitig hätte ich heulen können vor lauter Glück, dass ich noch einmal mit dem Leben davongekommen war. Erst jetzt merkte ich, wie sehr das Gestrüpp unter meinen Füßen piekte. Ich hätte mir wenigstens meine Stiefel anziehen sollen!

Tristan forderte alle auf, sich noch einmal um das Lagerfeuer zu versammeln. Schlagartig war meine Wut auf ihn verpufft, stattdessen machte sich nun Sorge breit: Was, wenn er mitbekommen hatte, dass ich fliehen wollte? Was, wenn Sebastian davon erfuhr? Er war garantiert der Meinung, dass ein Ortsgruppenleiter niemals dermaßen in Panik geraten durfte. Das war's mit meiner Karriere!

Nervös sah ich auf meine Armbanduhr. Es war drei Uhr. Gut, dass die Nacht so lau war, sonst hätte ich jetzt garantiert geschlottert. Dabei zittert ein Deutscher doch höchstens vor Wut ...

»Zuerst einmal muss ich sagen, wie enttäuscht ich bin«, begann Tristan seine Ansprache. Blick in die verschlafen wirkende Truppe. Nur ich war hellwach. Damit meinte er mich. Ganz klar. »Was für ein unfassbares Fehlverhalten.«

Ich wurde immer kleiner. Am liebsten wäre ich unter der Bierbank verschwunden, auf der ich saß.

Tristan sah noch einmal besonders streng in die allmählich wacher werdende Runde. »Da sind doch tatsächlich einige Kameraden in ihren Schlafsäcken geblieben.« Dabei wedelte Tristan ganz führermäßig mit seinem Zeigefinger.

Ich war erleichtert, dass wenigstens der erste Rüffel nicht gleich in meine Richtung ging.

»Da wähntet ihr euch in eine enorme Gefahrensituation geraten und es fehlte euch der Mut, euren Kameraden beizustehen.« Tristan sah sich vorwurfsvoll um. Dann blieb sein Blick an mir hängen. Mir wurde schlecht. Tristan zeigte in meine Richtung. »Dieser neue Kamerad, an dem solltet ihr euch ein Beispiel nehmen. Sein Ehrgeiz und sein Kameradschaftsinstinkt haben mich überzeugt. Ich kann nichts weiter sagen als: Kamerad, du verdienst meinen Respekt.«

Nun war ich baff. Offenbar hatte Tristan gar nicht gemerkt, dass ich eigentlich versucht hatte zu fliehen. Er glaubte stattdessen, ich sei dem Feind wie ein Wahnsinniger entgegengerannt. Barfuß und in Boxershorts. Ein paar der Kameraden nickten mir anerkennend zu. Nur der Glatzkopf, der mein Opa hätte sein können, schaute verlegen weg. Er gehörte anscheinend zu der Schlafsack-Fraktion, deshalb konnte ich mir auch nicht verkneifen, im Vorbeigehen noch einmal gegen ihn zu sticheln: »Lieber eine bengalische Tempelhure als ein

Drückeberger.« Nachdem ich das losgeworden war, lief ich vorsichtshalber einen Schritt schneller – nicht, dass der Opa mir noch eine verpasste! Ich musste grinsen. Besser hätte die Aktion für mich ja gar nicht laufen können ...

Trotzdem brauchte ich eine Weile, bis ich endlich einschlafen konnte. Dementsprechend müde war ich, als mich am nächsten Morgen früh um sechs Uhr eine schrille Trillerpfeife aus meinen Träumen riss. Dazu der Befehl »Alle aufstehen!«.

Ein Brummen und Stöhnen ging durch das Zelt. Ein paar meiner Kameraden fluchten. Trotzdem rappelten sich alle ziemlich schnell auf. Spätestens nach Tristans Ansprache war uns allen bewusst, dass dies hier keine Spaßveranstaltung war. Auch wenn sie allmählich anfing, mir Spaß zu machen. Nach meiner nächtlichen Heldentat wartete nämlich nicht nur Volker, sondern noch ein paar Kameraden mehr auf mich, damit wir gemeinsam zum See laufen konnten, um uns dort zu waschen. Ich war nun einer von ihnen. Ein besonders ruhmreiches Mitglied ihrer Truppe ...

Als wir lachend und quatschend vom See zurückkamen, hatten die beiden Frauen schon das Frühstück zubereitet: Es gab Spiegelei und Toast.

»Ohne Mampf kein Kampf!«, sinnierte Jan schmatzend und ein paar Kameraden lachten.

Ich fühlte mich pudelwohl.

Dann rief Tristan uns zum Fahnenappell. Wir hissten die rote Hakenkreuzfahne, die bereits bei meinem ersten Besuch bei Tristan geweht hatte, und sangen dabei gemeinsam das Deutschlandlied, und zwar alle drei Strophen – die erste mit besonderer Inbrunst. Rechts von mir stand Volker. Links ein Skinhead, der beim Singen seine Augen schloss und seine Hand aufs Herz legte. Mir wurde ganz warm im Bauch. *So* fühlte sich Gemeinschaft an. Wir waren eine große Familie. Manche stärker, manche schwächer. Einige mutig, andere weniger mutig. Aber wir gehörten alle zusammen. Ich war sehr froh, hier zu sein.

Die anderen schienen beim Singen ähnliche Gefühle überkommen zu haben. Alle wirkten sehr bewegt. Herrschte gestern noch eine gewisse Distanz zwischen uns, waren wir uns heute ganz nah. Dementsprechend freundlich und locker wurde der Ton, als wir uns anschließend versammelten, um die drei Gruppen einzuteilen. Tristan verkündete, dass heute Überleben im Felde sowie Formaldienst mit Schießübungen und Nahkampf zur Auswahl standen. Volker meldete sich sofort für »Überleben im Felde«. Aber da ich weder wissen wollte, welche Käfer ich essen durfte, noch wie ich mir am besten ein Erdloch buddelte oder meinen Gegner mit einer Machete oder den bloßen Händen umbrachte, entschied ich mich für den Formaldienst. Der klang am wenigsten anstrengend, zumal es heute wieder genau so heiß werden sollte wie gestern. Außerdem freute ich mich auf das Schießtraining. Ich schlief inzwischen zwar nicht mehr mit einem Plastikgewehr im Arm ein, trotzdem war ich weiterhin fasziniert von Waffen.

Neugierig stellte ich mich mit meiner Truppe vor Jan auf, dem »hohen Tier von der Bundeswehr«. Doch statt schießen wollte er uns zuerst beibringen, wie man richtig marschiert. »Marsch! Marsch! Marsch!«, brüllte er. »Ab sofort berühren die Füße den Boden nur noch zum Richtungswechsel!«

Innerlich stöhnte ich auf. Marschieren? Dann war ich hier doch falsch! Neidisch sah ich zu den Kameraden, die gerade für ihr Überlebenstraining im schattigen Wald verschwanden, während wir in der Sonne herumrennen mussten.

»Wenn ihr noch langsamer werdet, geht ihr rückwärts!«, feuerte Jan uns an und ich hoffte inständig, dass diese Kurseinheit nicht lange dauern würde.

Dauerte sie aber. Das mit dem Marschieren war nämlich längst nicht so einfach, wie ich es mir vorgestellt hatte. Spätestens, wenn wir um unser Zelt marschieren sollten, kamen wir ständig aus dem Gleichschritt.

»Außen große Schritte, innen kleine!«, brüllte Jan ungeduldig. Und dann wieder: »Wenn euch schwarz vor Augen wird, dann seid ihr eingeschlafen. Marsch! Marsch! Marsch!«

Ich war nach nur zehn Minuten völlig am Ende. Im Sportunterricht hätte ich mich schon längst auf die Bank verabschiedet, aber hier biss ich die Zähne zusammen und konzentrierte mich. Denn ehe wir es nicht im Gleichschritt um unser Zelt schafften, würde dieses Training niemals enden. Das war mir klar. Deshalb musste ich mir beinahe einen Jubelschrei verkneifen, als Jan endlich zufrieden war und uns lobte. »Gut gemacht! Nächste Übung.«

Kurz hatte ich gehofft, dass nun das Schießtraining

starten würde, aber vorher wollte Jan uns noch das ordentliche An- bzw. Wegtreten beibringen und uns zeigen, wie man eine Schützenreihe bildet. Damit wir auch vorbereitet waren, wenn »Tag X« kam ...

Als er nach drei Stunden endlich verkündete, dass wir nun mit dem Schießen beginnen würden, erschien mir das fast wie eine Erlösung. Wir waren zu zwölft in unserer Gruppe und hatten drei Gewehre zur Verfügung. Also stellten wir uns in drei Reihen hintereinander auf. Jeder durfte fünf Mal schießen – im Liegen, im Sitzen, im Stehen. Während ich auf meinen Einsatz wartete, kam die »Überleben im Felde«-Truppe zurück. Es war auf den ersten Blick zu erkennen, dass die Jungs garantiert sehr viel mehr Spaß im Wald gehabt hatten als wir hier auf dem staubigen Platz. Sie fuchtelten begeistert mit ihren Macheten herum, lachten und jagten sich gegenseitig. Aus unserer Gruppe wäre keiner mehr freiwillig auch nur einen Schritt gegangen. Volker hatte mit »Überleben im Feld« definitiv die bessere Wahl getroffen. Begeistert erzählte er mir, dass sie Stellungen im Wald ausgehoben und Fallen für den Feind gebaut hatten. Aber am meisten hatte ihm wohl das Exekutions-Training gefallen, bei dem er gelernt hatte, wohin genau er mit der Machete schlagen musste, um seinen Gegner sicher zu töten.

»Wenn du hier triffst, könnte es sein, dass er nur gelähmt ist oder so.« Dabei klopfte er mir irgendwo zwischen Kopf und Schulter in den Nacken.

Mir schauderte und ich hoffte, dass ich nie in diese Situation kommen würde ...

»Hier musst du hinschlagen!«, damit legte er mir seine Machete an den Hals. »Genau hier!«

Ich nahm mir vor, beim nächsten Wehrsportlager ebenfalls das Überleben im Feld zu trainieren.

Bis zum Abend hatten wir nun frei. Das war auch nötig, da wir uns alle erholen mussten. Für den Abend hatte Tristan nämlich einen Zehn-Kilometer-Fackelmarsch angekündigt. »Zum Gedenken an unsere gefallenen Soldaten.«

Wir alle murrten. Meine Formaldienst-Kameraden am allerlautesten. Mein rechter Sitznachbar schlug sogar vor, die Wanderung gänzlich ausfallen zu lassen und stattdessen hier am Lagerfeuer der Soldaten zu gedenken.

Aber Tristan ließ nicht mit sich reden. »Nein! Die Wanderung ist ein fester Bestandteil dieser Veranstaltung. Da wird nicht diskutiert!«

»Entschuldigung!«, brummte mein Sitznachbar.

Woraufhin Tristan schelmisch grinste und erklärte: »Ein Deutscher entschuldigt sich nicht, er bittet um eine harte und gerechte Strafe.«

Nun mussten einige lachen. Die Wanderung wurde trotzdem kein Spaß. Zehn Kilometer. Mit nur zwei kurzen Pausen. Ich war vollkommen erledigt! Als wir mitten in der Nacht endlich unseren Badesee vom Morgen erreicht hatten und eigentlich alle nur noch ins Bett wollten, verpflichtete Tristan uns, am See noch ein paar Soldatenlieder zu singen, von denen das Horst-Wessel-Lied wohl das bekannteste war: »Die Fahne hoch! Die Reihen dicht geschlossen! SA marschiert mit ruhigem festen Schritt.« Ebenfalls sehr beliebt war Hans Baumann: »Wir werden weitermarschieren, wenn alles in Scherben fällt. Denn heute gehört uns Deutschland und morgen die ganze Welt.« Wir haben dann noch frei dazugedichtet: »Und die Fahne weht im Wind. Sieg Heil!«

Erst nach diesem gelungenen Abschluss hieß es endlich: »Abmarsch ins Bett!« Keiner nahm noch den Umweg über die Raucherecke oder setzte sich für ein Bierchen ans Lagerfeuer. Alle verkrümelten sich sofort in ihre Schlafsäcke. Allerdings wieder nur kurz – um sieben stand Tristan nämlich schon wieder mit seiner ätzenden Trillerpfeife in unserem Zelt. Dazu brüllte er: »Aufstehen!«

Ich fragte mich, woher er eigentlich seine Energie nahm. Vielleicht war doch was dran am Leben ohne Alkohol und Nikotin? Ich fühlte mich dermaßen erschöpft, dass mir ganz schlecht war und es mich wirklich Überwindung kostete, mich aus meinem Schlafsack zu pellen. Den anderen ging es ebenso. Gestern stapften wir noch gut gelaunt und lachend an unseren Badesee. Heute schlurften wir wie die letzten Überlebenden nach einer schweren Schlacht. Auch das Frühstück verlief ruhig. Es wurde kaum geredet, eigentlich wollten alle nur noch nach Hause und ins Bett. Erst bei der Siegerehrung der besten Schützen der »Formaldienst«-Gruppe kam noch einmal Stimmung auf. Ich war zunächst etwas enttäuscht, dass ich nur den vorletzten Platz belegt hatte, wobei ich mich damit tröstete, dass alle andere schon häufiger Schießen geübt hatten. Aber dann kam der Knaller: Letzter wurde nämlich ein Kamerad, der Berufssoldat bei der Bundeswehr war. Haben wir gelacht! (Natürlich mit Ausnahme des armen Kameraden, der versuchte, sich irgendwie herauszureden.) Jeder bekam eine Urkunde überreicht, auf deren Kopf der typische Jude der antisemitischen Propaganda-Zeitung *Der Stürmer* zu sehen war. Eine gnomenhafte Gestalt mit riesigen spitzen Ohren, wulstigen Lippen und einem diabolischen Gesichtsausdruck in einem Fadenkreuz. Das fand ich dann schon ziemlich cool. Immerhin war *Der Stürmer* Kult. Der Herausgeber dieser Wochenzeitung, Julius Streicher, war zur Zeit des Nationalsozialismus ein radikaler Judenhasser gewesen. Dem war selbst Hitler zu lasch. Deshalb hängte ich die Urkunde, noch bevor ich meinen Rucksack ausgepackt hatte, in unsere Gartenlaube, in der regelmäßig die Treffen mit meinen Kameraden Ralf, Klaus und Heiner stattfanden. Und während ich meine Urkunde voller Stolz betrachtete und mehrfach kontrollierte, ob sie auch wirklich gerade hing, dachte ich, dass es eigentlich mal wieder an der Zeit wäre, einen Kameradschaftsabend zu veranstalten.

Meistens beorderte ich meine Anhänger per Kurznachricht zu mir, wobei ihnen freistand, Freunde mitzubringen, da ich ja weiterhin auf mein fünftes Mitglied hoffte, das mir noch immer fehlte. Leider waren die meisten Interessenten komplett unbrauchbar. Unzuverlässig. Politisch nicht gefestigt. Oder sogar aufsässig. Dazu muss ich sagen, dass ich in meiner Gruppe einen eher autoritären Führungsstil pflegte. Immerhin war ich der Jüngste und glaubte, mir dadurch Respekt zu verschaffen, dass ich zwischendurch mal lauter wurde. So kannte ich es schließlich auch von zu Hause ...

Ich ordnete also an, dass meine Kameraden am folgenden Tag um 18 Uhr bei mir sein sollten. Sie sagten sofort zu.

Bei dem gemeinsamen Abendessen mit meiner Familie, während ich hungrig vom Wochenende eine Riesenportion Spaghetti Bolognese verdrückte, fragte ich meine Mutter nach dem Schlüssel für die Laube.

Robert lachte auf. »Ach, unser kleiner Führer muss sich wohl mal wieder vor seinen Untertanen aufspielen.«

Ich sah ihn wütend an. Ein wenig hoffte ich natürlich, dass meine Mutter mir mal wieder wie früher zur Seite springen würde. Aber anstatt mich zu verteidigen, hackte die nur auf mir herum: »Dann halt deine Reden aber nicht wieder so laut! Wir wollen schließlich schlafen und nicht auch noch von dir in deinen Bann gerissen werden.«

Nun lachten beide und ich fühlte mich wieder wie der letzte Vollidiot. Warum mussten sie mich immer lächerlich machen? Und dann auch noch vor meinen jüngeren Geschwistern. Ich hatte doch wirklich alles versucht, um für meine Mutter der Sohn zu sein, den sie immer haben wollte. Mit einem Scheppern ließ ich meine Gabel auf den Teller fallen, sodass Christian und Vanessa erschreckt zusammenzuckten. Dann sprang ich auf, ging in mein Zimmer und knallte die Tür zu.

Ich war kaum drei Schritte gegangen, da riss meine Mutter sie wieder auf. »So, mein Freundchen, jetzt reiß dich mal ein bisschen am Riemen! Mit mir springst du gefälligst nicht so um wie mit deinen Clowns. Wenn du dich nicht benimmst, kannst du deine Touren demnächst vergessen und deine Kameradschaftsabende auch. Du bist längst nicht so wichtig, wie du immer tust. Schon gar nicht in diesem Haus.«

Dann knallte sie die Tür zu und ich ließ mich auf mein Bett sinken. Tränen der Wut standen mir in den Augen. Das hätte sie mir nicht sagen müssen. Ich wusste selbst, dass ich hier keine besonders große Rolle spielte. Verletzt blickte ich zur Tür, durch die ich meine Geschwister mit Robert herumalbern hörte. Schon wieder fühlte ich mich überflüssig, ungeliebt und ungewollt. Zumindest hier. In meiner mehr oder weniger leiblichen Familie. In der Bewegung, in meiner Wahlfamilie war das anders – da war ich wer! Dort bekam ich die Bestätigung, die meine Mutter mir nie gegeben hatte. Dort wurde ich geachtet, respektiert und man freute sich über meine Anwesenheit. Am liebsten hätte ich auf der Stelle meine Sachen gepackt und wäre ausgezogen. In die Parteizentrale der NPD. Selbst der Keller, in dem die Wahlplakate gelagert wurden, erschien mir heimeliger als mein Zuhause hier. Ich wollte nur noch weg. Aber das ging nicht. Ich war ja abhängig. Von *ihrem* Geld. Sogar von ihrem Schlüssel zum Gartenhaus. Deshalb musste ich sämtliche Demütigungen ertragen und das machte mich wütend. Total wütend. Diese Wut hielt sogar noch bis zum nächsten Abend an, als Heiner eine Stunde zu früh bei mir auftauchte und mir anbot, mich noch zur Tankstelle zu fahren, um Zigaretten zu kaufen. Er ließ sich hinter das Steuer seines feuerroten VW Polos fallen, ich öffnete die Beifahrertür. Mein erster Blick fiel auf eine braune Tüte mit einem gelben »M« auf rotem Grund, die bei ihm im Fußraum lag und verriet, dass Heiner beim Amerikaner gegessen hatte.

Nun entlud sich mein gesamter angestauter Zorn. »Sag mal, was fällt dir eigentlich ein, heimlich diese GI-Nahrung zu fressen? Denkst du, ich habe dir tausend Mal zum Spaß erzählt, dass man sein Geld dann gleich für die Bomben der Amis spenden kann? Denkst du auch mal nach? Oder bist du so dumm, wie du tust? Dich hat der Esel wohl im Galopp verloren!« Sprüche, die ich von meiner Mutter kannte. Jetzt endlich konnte ich sie selbst mal loswerden. »Und guck mich gefälligst an, wenn ich mit dir rede!« Ich stieg aus und schlug die Autotür zu. »Weißt du, was? Ich habe keine Lust mehr! Du kannst dich wieder melden, wenn du dein erbärmliches Verhalten bereust.«

Dann stapfte ich ins Haus und fühlte mich wie befreit, weil ich meine Wut endlich mal rausgelassen hatte. Wenn auch bei der falschen Person. Deshalb hatte ich ein schlechtes Gewissen. Ich wusste, dass Heiner meinen Ärger zu Unrecht abbekommen hatte. Zumindest in dieser Heftigkeit. Grundsätzlich war es natürlich nicht in Ordnung, beim Feind zu essen. Aber ich hätte ihn nicht so beschimpfen dürfen. Was, wenn Heiner nun ausstieg? Was, wenn wir bald nur noch zu dritt wären?

Da klingelte es an der Haustür. Es war Heiner. »Tut mir wirklich leid. Ich war mit Freunden unterwegs und da haben wir plötzlich so einen Hunger bekommen. Ich wollte das gar nicht. Die anderen wollten da hin.« Treuherzig sah er mich an. »Ich schwöre dir, dass ich das nie wieder tun werde. Aber ich hatte doch noch nichts gegessen ...«

Plötzlich brach Heiner in Tränen aus. Ich war beeindruckt. Da hatte ich doch tatsächlich einen Mann zum Weinen gebracht, der ein halbes Jahrzehnt älter war als ich. Damit meine Mutter oder Robert diesen besonderen Moment nicht zerstörten, bat ich Heiner schnell in mein Zimmer. »Okay, lass uns reden.«

Als ich Heiner dann so zusammengesunken auf meiner Bettkante sitzen sah, tat er mir plötzlich leid. Ich wusste, dass es auch bei ihm und Klaus zu Hause blöd war. Der Vater trank und wurde dann oft gewalttätig. Unsere Kameradschaft war auch seine Flucht, seine selbst gewählte Familie. Nur deshalb hatte er sich von mir so beschimpfen lassen ...

Ich fühlte mich wie ein Schwein und versuchte, mir mein Verhalten damit schönzureden, dass ich schließlich eine gewisse Verantwortung trug. Als künftiger Ortsgruppenleiter.

5

»Kriminalität ist ein bedeutender Bestandteil innerhalb der rechtsextremen Szene und reicht von vermeintlich unpolitischen Straftaten wie Drogenhandel bis zu explizit politisch motivierten Taten wie Propagandadelikten, Volksverhetzung, Beleidigungen, körperlichen Angriffen bis hin zu Tötungen und Morden.

Die Ideologie des Rechtsextremismus basiert auf einer konstruierten Ungleichwertigkeit von Menschen (-gruppen) – die Opfer werden nicht als Individuum ausgewählt, sondern als Stellvertreter für die ihnen zugeschriebene Gruppe. Das ermöglicht eine Entmenschlichung und steigert die Brutalität.

Verstärkt wird dies durch ein Selbstverständnis der Szene als ›Kampfgemeinschaft‹ gegen das ›übermächtige System‹ und für ein homogenes ›Volk‹. Gemeinsam Straftaten zu begehen, festigt den innerszenischen Zusammenhalt.«

Kristin Harney – Zentrum Demokratische Bildung

Heiners Verhalten nach unserem Streit zeigte mir, dass ich meine Truppe inzwischen ganz gut im Griff hatte. Ich war optimistisch, sie zu ordentlichen Aktivisten formen zu können, zu Jungs, die sich bereitwillig für den Nationalen Widerstand einsetzen würden. Deshalb sprach ich bei unserem heutigen Treffen ein Thema an, das mir schon länger unter den Nägeln brannte. Ich stellte mich hinter den Tresen der gemütlichen Gartenlaube, der das fehlende Rednerpult ersetzen sollte, und räusperte mich: »Ich denke, es ist für unsere Gruppe die Zeit gekommen, endlich aktiv zu werden.«

Erwartungsvoll sahen mich meine Kameraden an. Ich erzählte ihnen, dass ich schon seit längerer Zeit Aufkleber hortete, die wir in der kommenden Nacht an strategisch wichtigen Orten verteilen würden. Diese strategisch wichtigen Orte lagen allesamt im Nachbardorf.

»Wir werden einen Teil der Aufkleber im Bereich meiner Realschule anbringen.« Ich hoffte, dass ein paar Schüler unsere Aktion sympathisch finden würden. Ein anderes Ziel war das örtliche Rathaus. »Dort gibt es eine große Glasfassade. Dort werden wir die Aufkleber großzügig verteilen. Auf den Klebern steht übrigens ›BRD heißt das System – morgen wird es untergehen‹. Das ist perfekt fürs Rathaus. Es wird ein Raunen und Staunen durch die Bevölkerung gehen.« Ich sah unsere Aktion schon auf der Titelseite unserer Lokalzeitung. »Zuletzt werden wir auch die Bushaltestellen propagandistisch angreifen. Dort kommen jeden Tag unzählige Menschen vorbei. Es werden also viele Leute unsere Aufkleber zu Gesicht bekommen.« Stolz sah ich in die Runde. Meine Jungs bekamen ganz rote Wangen vor Aufregung.

Ralf fragte: »Und wann soll es losgehen?«

»Nachts um ein Uhr.«

Wir hatten uns in zwei Gruppen aufgeteilt: Ralf und

ich wollten uns um das Rathaus und die Bushaltestellen kümmern. Heiner und Klaus sollten sich die Schule vornehmen.

Ich schlug vor, zuerst die Bushaltestellen zu verschönern, da die Sache mit dem Rathaus deutlich heikler war.

Ralf stimmte zu. Allerdings hatte er eine Riesenangst, erwischt zu werden. »Da muss sich nur jemand mein Kennzeichen aufschreiben. Und zack! Haben sie mich!«

Deshalb entschieden wir uns dafür, nur die ganz entlegenen Bushaltestellen anzufahren, an denen sich um diese Uhrzeit garantiert keiner herumtrieb. Aus taktischen Gründen hatte ich obendrein eine Jacke aus Polyester angezogen, auf die ich schon im Auto sämtliche Aufkleber pappte. Das hatte den Vorteil, dass ich dann an der Bushaltestelle nicht erst sämtliche Rückseiten abziehen musste.

»Gute Idee!«, lobte mich Ralf, der natürlich auch froh war, wenn wir schnell wieder verschwinden konnten.

Er parkte jedes Mal ein paar Meter entfernt, möglichst weit weg von irgendwelchen Laternen, bei ausgeschaltetem Licht. Nach einer Stunde hatten wir bereits fünf Bushaltestellen verziert – ohne irgendwelche Zwischenfälle. Nun blieben uns noch sechzig Aufkleber übrig, die wir uns fürs Rathaus aufgehoben hatten. Diesmal wollten wir die Kleber zu zweit anbringen, damit es schneller ging. Vorsichtshalber parkten wir Ralfs Wagen ein paar Hundert Meter entfernt in einer kleinen Anliegerstraße, dann schlichen wir zum Rathaus. Schon auf dem Weg dorthin hatte ich so heftiges

Herzrasen, als wäre bereits das nächtliche Herumspazieren verboten. Ralf gegenüber ließ ich mir natürlich nichts anmerken. Doch kaum waren wir in der Nähe des Rathauses angekommen, zuckten wir beide zusammen. Es näherte sich ein Auto. Um diese Uhrzeit! In diesem Kaff!

Ohne dass wir uns hätten absprechen müssen, sprangen Ralf und ich ins nächste Gebüsch, um uns zu verstecken. Eine totale Schwachsinnsaktion. Was sprach schließlich dagegen, wenn zwei junge Männer nachts durch die Straßen rund ums Rathaus liefen? Diese Nummer zeigte allenfalls, wie sehr unsere Nerven blanklagen.

»Sie sind weg«, flüsterte ich.

Ralf spähte noch einmal durch die Blätter. Dann nickte er: »Ja!« Allerdings ohne sich einen Zentimeter zu bewegen.

Ich war der Anführer. Also musste ich den ersten Schritt machen. »Los jetzt!«, zischte ich und rannte zu der imposanten Glasfassade. Ralf hinterher. Dann klebten wir – so schnell wir konnten – unsere Aufkleber auf die Fassade. Dabei rumpelten wir immer wieder zusammen. Wir achteten nämlich überhaupt nicht auf das, was der andere tat. Jeder war komplett auf sich konzentriert.

Nach etwa fünf Minuten hatte ich den letzten Kleber gegen die Scheibe gedrückt, dann trat ich ein paar Schritte zurück. »Super!«, hauchte ich begeistert.

Die komplette Fassade war übersät mit JN-Botschaften: »Komm zu uns!« Oder: »Deutschland braucht dich!«

Diesen fand ich besonders gut: »Sie machen Kasse und du sitzt auf der Straße.«

Ich stellte mir vor, wie begeistert Sebastian sein würde, wenn er von dieser Aktion erfuhr. Da stieß Ralf einen Pfiff aus, mit dem er mich zurück in die Wirklichkeit holte. Ganz langsam näherten sich zwei Autoscheinwerfer. Ohne darüber nachzudenken, rannten Ralf und ich los. Hinter das Rathaus, wo wir uns schnaufend in eine Häusernische kauerten.

»Bestimmt nur Passanten!«, versuchte ich, uns zu beruhigen.

Ralf schüttelte den Kopf. »Sicher nicht!«

Denn nun fuhr das Auto plötzlich auf den Vorplatz des Rathauses – und da war die Durchfahrt für normale Fahrzeuge verboten. Atemlos spähte ich um die Ecke. Als ich die Lichtanlage auf dem Dach des Autos erkannte, zuckte ich zusammen. »Scheiße! Bullen!«

Mein erster Gedanke war: abhauen! Aber dann dachte ich: Sie konnten uns doch eigentlich gar nicht gesehen haben. Sicher war es nur Zufall, dass die ausgerechnet jetzt hier auftauchten. Ich hielt meinen Zeigefinger vor den Mund, damit auch Ralf ruhig blieb, und versuchte noch einmal, unauffällig um die Ecke zu linsen. Da traf mich fast der Schlag. Der Wagen hatte angehalten und in seinem Scheinwerferlicht entdeckte ich: meinen Rucksack. Mist! Den hatte ich vor lauter Schreck direkt vor dem Rathaus liegen lassen. Ich dachte nach. Der Rucksack war egal. Problem war nur: Im Inneren dieses Rucksacks lag mein Geldbeutel und in dem steckte mein Mofaführerschein. Es blieb mir also gar nichts anderes übrig, als aus meinem Versteck zu treten. Sie hätten mich eh gefunden.

Sobald die Beamten mich bemerkten, leuchteten sie mir mit einer Taschenlampe ins Gesicht. »Was machen Sie hier?«

»Äh ... Guten Abend! Ich bin mit einem Freund unterwegs.«

Daraufhin tauchte auch Ralf hinter mir auf, der mich vermutlich gerade innerlich verfluchte.

»Können Sie sich ausweisen?«

Ich deutete auf den Rucksack, aus dem der Polizist vorsichtig meine Geldbörse fischte. Dann gab ich ihm meinen Mofaführerschein, Ralf ihm seinen Perso. Während der eine Polizist unsere Personalien aufnahm, musterte uns sein Kollege misstrauisch.

»Und warum habt ihr euch versteckt?«

»Wir haben uns nicht versteckt!«, entgegnete ich sofort.

»Jetzt erzählen Sie uns keine Märchen. Natürlich haben Sie sich versteckt!«

In meinem Gehirn rotierte es. Offensichtlich hatten die Polizisten unsere Aufkleber noch nicht entdeckt. Sonst würden sie jetzt nicht so komische Fragen stellen. Um Zeit zu schinden, stellte ich erst einmal eine Gegenfrage: »Wie kommen Sie denn darauf, dass wir uns versteckt hätten?«

»Wir haben einen Anruf bekommen, dass hier eine Gruppe Jugendliche randalieren soll.«

»Aber wir gehören nicht zu der Gruppe Jugendlicher. Mein Freund und ich sind alleine unterwegs.«

»Und was machen Sie hier?«

Ich holte tief Luft: »Ich sag's Ihnen. Ich rauche heimlich. Und das dürfen meine Eltern nicht wissen.«

Der Beamte legte seine Stirn in Falten. »Warum sollten Sie zehn Kilometer weit fahren, um eine zu rauchen?«

Den Beamten kam meine Geschichte wohl mehr als verdächtig vor.

»Wissen Sie, ich wohne im Dorf. Und da können Sie sich ja vorstellen, wie das ist. Da sieht einen immer irgendwer. Im Zweifel der Pfarrer, der gerade betrunken aus der Kneipe kommt.«

Der Polizist lachte. »Trotzdem sollten Sie sich das mit dem Rauchen noch einmal durch den Kopf gehen lassen. Ist ja bekanntlich sehr ungesund.«

Dann wedelte er mit meinem Führerschein und Ralfs Ausweis. »Und sollte hier noch etwas passieren, wissen wir ja, an wen wir uns wenden müssen.«

Damit drehten die Polizisten sich um und stiegen wieder in ihr Auto, um weiter nach den Randalierern zu suchen. Ralf und ich holten tief Luft. Glück gehabt! Allerdings hatten wir jetzt ein gewaltiges Problem. Unglücklich starrten wir auf unsere beklebte Fassade.

»Die müssen alle wieder ab!«, stöhnte Ralf.

Ich nickte. »Auf jeden Fall.«

Dafür mussten wir zuerst zu mir nach Hause, um Fensterreiniger zu holen, mit dem wir die Aufkleber aufweichen wollten. Geistesgegenwärtig steckte ich mir auch noch unseren Ceranfeldschaber in die Jackentasche. Eine gute Idee, wie sich herausstellte. Ralf und ich kratzten abwechselnd mit dem Schaber und unseren Fingernägeln sämtliche Aufkleber vom Glas.

Nachdem wir stundenlang geackert hatten und es allmählich dämmerte, ließen wir uns erschöpft in Ralfs Auto fallen. Eigentlich wollten wir nur noch nach Hause und ins Bett. Aber dann fielen uns die vielen Aufkleber an den Bushaltestellen ein.

»Die auch noch?«, fragte Ralf gedehnt.

Ich dachte nach. Eigentlich lagen die Bushaltestellen alle deutlich außerhalb des Stadtgebiets. Da kamen die Beamten bestimmt nicht drauf, dass die von uns stammen könnten.

Ralf war skeptisch: »Und wenn doch?«

Ja, was, wenn doch? Dann würde ich meine Partei-Karriere vermutlich an den Nagel hängen können. Vorstrafen aller Art waren nicht besonders förderlich. »Vielleicht sollten wir dann doch ...«, meinte ich vorsichtig.

Aber Ralf gab schon Gas und fuhr unsere letzte Bushaltestelle an. Inzwischen waren schon die ersten Leute unterwegs, die zur Arbeit wollten, was unsere Aufgabe deutlich erschwerte.

Fix und fertig brach ich nach dieser Nacht auf meinem Bett zusammen. Kurz vor dem Einschlafen schrieb ich noch eine Nachricht an Heiner und Klaus: »Wie ist es bei euch gelaufen?«

Klaus – vermutlich gerade auf dem Weg zu seiner Lehrstelle – antwortete: »Heiner glaubte, ein Bullenauto gesehen zu haben, und dann wurde uns die Sache zu heiß. Man sieht sich.«

Aber ich war viel zu müde, um mich jetzt noch darüber aufzuregen. Ich wollte nur noch schlafen.

Leider stand meine Mutter schon zwei Stunden später an meinem Bett und rüttelte an meiner Schulter. »Sag mal, spinnst du? Was hast du denn heute Nacht für ein Gepolter veranstaltet?«

Ich bekam meine Augen kaum auf. Deshalb drehte ich mich weg und drückte mein Gesicht ins Kissen. »Hör bloß auf! Wir hatten so einen Stress gestern!«, stöhnte ich. »Fast hätten uns die Bullen erwischt.«

In diesem Moment zog mir meine Mutter mein Kissen weg und mein Kopf klatschte unsanft auf die Matratze.

»Was?«, keifte sie. Ihre Stimme klang ganz schrill. »Schleppst du mir mit deinen Flausen jetzt auch noch die Bullen ins Haus? Meinst du nicht, es reicht langsam? Warum musst du dich immer so aufspielen? Kannst du dir nicht ein Hobby suchen? Wie andere Jungen in deinem Alter?« Dann schüttelte sie genervt den Kopf. »Kannst du nicht einfach mal normal sein?«

Nun war ich wach. Verblüfft sah ich sie an. Ich erinnerte mich noch genau daran, wie ihre Augen leuchteten, wenn sie mir von ihren eigenen Schandtaten erzählte. Wie sie damals mit ihren Kumpels vor den Bullen weggerannt war und wie ihre Mutter sie einmal von der Polizei abholen musste, weil sie mit ihren Freunden irgendwelche SPD-Wahlplakate zertreten hatte. Und nun war sie sauer auf mich? Meine Mutter hatte wirklich überhaupt keine Haltung. Zu nichts. Bei ihr konnte ich mich auf absolut gar nichts verlassen.

»Ach, lass mich doch in Ruhe!«, meckerte ich und drehte mich demonstrativ von ihr weg.

Mama ging, ohne ein Wort zu sagen, aus dem Zimmer. Ich lag kraftlos in meinem Bett und konnte nicht mehr einschlafen. Ich ärgerte mich über meine Mutter, aber noch viel mehr darüber, dass mir ihre Demütigungen noch immer so nahegingen. Dabei hatte ich doch längst eine neue Heimat gefunden. In der Bewegung bekam ich Respekt, da wurde ich geschätzt, da machte ich alles richtig. Selbst Sebastian, immerhin eine Führungspersönlichkeit, bemühte sich um mich. Da sollte mir doch meine Mutter endlich gleichgültig sein!

Ausgerechnet am Abend dieses Streits rief Sebastian mich an und fragte, ob ich ihn nicht bei seinem unmittelbar bevorstehenden Wahlkampf unterstützen könnte. »Du musst auch nichts bezahlen. Das übernimmt alles die Partei.«

Ich stimmte natürlich zu! Erstens, weil ich sowieso gerne jede Gelegenheit nutzte, von zu Hause wegzukommen, und zweitens, weil ich die Parteiarbeit natürlich als große Ehre empfand.

Mit einem aufmunternden »Du wirst es noch weit bringen!« verabschiedete sich Sebastian am Telefon von mir.

Nach diesem Satz steckte ich mir sofort die restlichen hundert Euro meines Urlaubsgeldes in die Jackentasche und stieg wie berauscht in den Zug.

Voller Stolz und Vorfreude kam ich nach einer mehrstündigen Fahrt am Zielbahnhof an. Dort reckte ich meinen Hals. Wo steckte denn Sebastian? Er wollte mich doch abholen. Erst wartete ich geduldig, weil ich nicht aufdringlich wirken wollte, indem ich ihn anrief. Nach einer halben Stunde wählte ich dann aber doch seine Nummer. Keiner hob ab. Also wartete ich weitere dreißig Minuten, in denen ich es immer mal wieder auf seinem Handy versuchte. Ohne Erfolg. Schließlich machte ich mich wütend auf den Weg zu seinem Hof, der etwas außerhalb der Stadt lag. Ich empfand es als Frechheit, dass er mich als seinen freiwilligen Helfer hier einfach stehen ließ, ohne ein Wort zu sagen. Andererseits befand sich Sebastian gerade im Wahlkampf. Er kandidierte für den Gemeinderat seines Ortes. Da hatte er sicher gerade sehr viel Stress. Ich gab mir wirklich Mühe, mir seine Unzuverlässigkeit schönzureden. Trotzdem klingelte ich Sturm, als ich nach anderthalb Stunden Fußmarsch endlich vor seiner Tür stand.

Sebastian öffnete. »Hi, Timo!«

Das war's. Keine Entschuldigung. Nicht einmal ein zerknirschter Gesichtsausdruck. Gar nichts.

»Wolltest du mich nicht vom Bahnhof abholen?«, zeterte ich.

Sebastian blieb unbeeindruckt. »Ich wusste nicht, dass du schon heute kommen wolltest.«

Irritiert zog ich meine Augenbrauen hoch. »Sag mal, willst du mich auf den Arm nehmen? Wir haben doch gerade erst telefoniert.«

Sebastian klopfte mir auf die Schulter. »Ich hab's halt vergessen. Jetzt komm doch erst mal rein.«

Eine Entschuldigung war das nicht. Eigentlich konnte ich nicht einmal ein schlechtes Gewissen erkennen.

Trotzdem traute ich mich nicht, ihm ins Gesicht zu sagen, wie enttäuscht ich von ihm war, oder noch verwegener: einfach zu gehen. Für Sebastian war die Sache eh schon abgehakt.

»Wir haben hier auch echt gerade viel um die Ohren.« Er zeigte auf einen Stapel NPD-Wahlplakate. »Wir wollen heute die großen Plakate der anderen Parteien mit unseren überkleben.«

Schlagartig hatte ich meinen Ärger vergessen. Was für ein Nervenkitzel! Schon wieder ...

Bewaffnet mit einem Eimer Kleister, einem Pinsel und unzähligen Plakaten starteten wir mitten in der Nacht unseren Angriff auf SPD, CDU, Grüne, FDP und Linke. Meinen Rucksack ließ ich vorsichtshalber zu Hause – schließlich hatte ich dazugelernt.

Diesmal war ich ausschließlich für den Kleister verantwortlich. Die Aufgaben waren klar verteilt: Ich trug den Eimer, ein Freund von Sebastian kleisterte die Plakatwände ein und Sebastian durfte die verhassten Plakate überkleben. Da unsere Plakate deutlich kleiner waren als die der Systemparteien und uns obendrein die Zeit fehlte, klebten wir lediglich zwei horizontale Reihen über die gegnerischen Kandidaten. Das musste als Statement reichen!

Natürlich zuckte ich bei jedem nahenden Auto nervös zusammen und hielt nach dem nächstgelegenen Gebüsch Ausschau. Aber nichts passierte. Keiner kam. Unsere Aktion war ein voller Erfolg!

Nachts hatten wir den kompletten Ort mit Sebastians Wahlplakaten zugepflastert, tagsüber standen wir in der Fußgängerzone an einem Infostand und versuchten, die Passanten von unserer Weltanschauung zu überzeugen. Sebastian brachte mir bei, wie man die Leute am besten ansprach, und er baute mich auf, wenn jemand aggressiv auf meinen Anwerbungsversuch reagierte – und das kam ziemlich häufig vor! Aber nach ein paar Tagen hatte ich gelernt, diese Ablehnung nicht persönlich zu nehmen. Ich war schon ein echter Wahlkampfprofi. Denn eines hatte mir dieser Ausflug bewiesen: Ich konnte reden! Die Leute hörten mir zu. Sie fanden mich witzig. Das gab meinem Selbstbewusstsein einen ungeheuren Schub.

Als ich am letzten Abend, nachdem wir unseren Stand abgebaut hatten, neben Sebastian im Auto Platz nahm, hatte ich ein wohliges Gefühl im Bauch. Sebastian war wie der Vater, den ich mir immer gewünscht hatte. Er hatte mich unter seine Fittiche genommen, hörte mir zu, brachte mir alles bei und passte auf mich auf. Ich fühlte mich richtig niedergeschlagen bei dem Gedanken daran, dass unsere gemeinsame Zeit nun zu Ende ging.

»Schau mal, ein jüdisches Restaurant!«, platzte er in meine Gedanken und deutete auf ein Lokal, das ganz unscheinbar aussah. Lediglich der Name war verräterisch: Goldberg.

»Und warum hat der Laden noch nicht gebrannt?«, fragte ich leichtfertig.

Sebastian verzog den Mund. »Mit solchen Aussagen solltest du vorsichtig sein, sonst wirst du noch für einen V-Mann gehalten.«

Ich? Ein heimlicher Informant der Polizei? Betroffen biss ich mir auf die Unterlippe.

Sebastian redete weiter: »Aber im Ernst: Ich habe da schon ein paar Aktionen vorgeschlagen, aber bislang wollte niemand mitmachen. Vielleicht können wir demnächst ja zusammen was planen.«

Ich nickte. »Gerne!«

Dabei freute ich mich vor allem darauf, einen Grund zu haben, um bei Sebastian zu sein. Gegen Juden hatte ich eigentlich gar nichts. Ich kannte auch gar keine – zumindest nicht bewusst. Sie waren mir schlichtweg egal. Die Abneigung war eher historisch bedingt, wenn man das so nennen wollte. Sie waren eben der Feind im Dritten Reich, deshalb waren sie es irgendwie noch heute. In unserer Szene war ein gängiger Spruch: »Kein Wunder, dass ich arbeitslos bin. Das ganze System ist ja von Semiten unterwandert.«

Das funktionierte prima, dann musste man sich nämlich nie über die eventuellen eigenen Fehler Gedanken machen – alles ließ sich fröhlich auf die Juden schieben. Ich hatte kein Geld. Daran waren die Juden schuld. Mein Arbeitgeber hatte mich rausgeschmissen. Juda war verantwortlich. Am Scheibenwischer klemmte ein Strafzettel. Typisch, die Juden waren ja so geldgierig. Dieses Prinzip ließ sich problemlos auf jeden Lebensbereich übertragen. Mit der Biologie – wie es mir Sebastian einreden wollte – hatte Rassenhass überhaupt nichts zu tun. Es ging lediglich darum, einen Sündenbock für alles zu finden und sich gleichzeitig selbst aufzuwerten. Wenn man schon nichts anderes vorzuweisen hatte, so war man doch immerhin Deutscher.

Sebastian drehte in seinem Auto die Musik lauter, weil es in dem Lied passenderweise gerade darum ging, dass der Jude brennen müsse. Sebastian grinste mich an. »Wir Arier sind die einzige vollkommene Rasse.«

Das sagte er öfter und es fühlte sich gut an. Wichtig. Bedeutend.

Dieses erhabene Gefühl erlosch erst, als Sebastian mich am Bahnhof verabschiedete und davonbrauste. Plötzlich fiel mir nämlich auf, dass ich gar kein Geld mehr hatte. Anders als Sebastian versprochen hatte, war nämlich plötzlich doch kein Geld aus der Parteikasse für mich übrig gewesen. Stattdessen sollte ich mich sogar an den Lebensmitteleinkäufen beteiligen. Dann gab's zwischendurch noch mal Pommes oder eine Bratwurst – und nun hatte ich nicht einmal mehr Geld für meine Rückfahrt. Das war natürlich ungünstig, da ich irgendwie nach Hause kommen musste. Ich geriet in Panik. Als ehrlicher Mensch hatte ich nicht die Nerven für eine stundenlange Schwarzfahrt. Andererseits blieb mir gar keine andere Wahl. Deshalb saß ich zum ersten Mal in meinem Leben ganz ohne körperliche Leiden drei Stunden auf einem Klo. Aber immerhin fragte mich keiner nach meinem Ticket. Erleichtert und ziemlich hungrig stieg ich an meinem Heimatbahnhof aus dem Zug und kam gerade noch pünktlich zum Abendessen nach Hause, wo mir meine beiden Geschwister sofort freudig um den Hals fielen, obwohl ich mich in der letzten Zeit kaum mehr um sie gekümmert hatte.

Auch jetzt hatte ich keine Zeit, mit ihnen zu spielen, stattdessen wollte ich meiner Mutter von meinen Erlebnissen am NPD-Stand erzählen.

Ich strahlte. »Ich hatte eine richtig coole Woche.«

Meine Mutter zog nur genervt die Augenbrauen hoch und fragte Robert nach der Butter.

»Manche Leute reagieren total sauer, wenn man ihnen ein Flugblatt in die Hand drückt«, setzte ich meinen Versuch fort, das Interesse meiner Mutter zu wecken.

Doch die schmierte ungerührt die Abendbrote für Christian und Vanessa. Deshalb verstummte ich schließlich und griff mit einem Kloß im Hals nach einer Scheibe Brot – obwohl mir der Hunger längst vergangen war. Meine Schwester krähte, dass sie noch Saft wollte. Robert nahm ihren Becher und goss ihr etwas ein.

»Reicht das?«, fragte er freundlich. Man merkte ihm wirklich nicht an, dass Vanessa und Christian nicht seine leiblichen Kinder waren.

Meine Mutter wandte sich zu mir. »Sag mal, Timo, wie teuer war dieser Spaß eigentlich?«

Nun wurde der Kloß im Hals zum Stein im Magen. »Also von Uromas Geld ist nichts mehr übrig«, nuschelte ich kleinlaut.

Robert prustete los. »Zweihundert Euro! Von dem Geld hättest du auch schön eine Woche an die Ostsee fahren können.« In Mamas Richtung witzelte er: »Aber anscheinend gefällt es Timo in Fußgängerzonen besser.«

Meine Mutter fand das Ganze gar nicht lustig. Sie

kochte vor Wut. »Spinnst du? Meinst du, dass wir das Geld scheißen?«

Trotzig schob ich meine Unterlippe vor. »Das war mein Geld, damit darf ich machen, was ich will.«

»Trotzdem könntest auch du mal ein wenig auf dein Geld achten. Ich dachte, dieser Spinner zahlt deine Reise.«

Ich rutschte tiefer in meinen Sitz. »Ja, aber die Wahlkampfkasse war doch leer.«

Nun war meine Mutter einen kurzen Augenblick sprachlos. Dann tobte sie: »Wie blöd bist du eigentlich? Lässt dich immer nur ausnutzen! Du Trottel!«

Damit sprach sie einen Gedanken aus, der ohnehin schon an mir nagte. Verletzt nahm ich meinen Teller, um mal wieder in meinem Zimmer zu essen. Meine Geschwister kannten das schon und schauten mir betroffen hinterher. Ich setzte mich auf mein Bett und zog aus meinem Rucksack die Plakate, die Sebastian mir geschenkt hatte. Ich hatte sie mir von ihm signieren lassen wie übergroße Autogrammkarten. Vorsichtig strich ich über das Papier. Ich bewunderte meinen neuen Mentor. Für sein enormes Wissen. Seine Durchsetzungskraft. Sein Selbstbewusstsein. Ich wollte gar nicht daran denken, dass er mich womöglich nur ausnutzte – auch wenn ich schlechte Behandlung von zu Hause eigentlich kennen sollte ... Aber Sebastian war mein Vorbild. Mein Kamerad. Dementsprechend wurmte es mich, als er in den folgenden Tagen nichts von sich hören ließ. Ich schob es zwar auf den Wahlkampf, trotzdem fühlte ich mich schlecht. Sogar so schlecht, dass ich aus Verzweiflung bei den umliegenden Bauern nach einem Ferienjob fragte. Ich hatte nämlich durchaus ein schlechtes Gewissen wegen der verprassten zweihundert Euro. Außerdem war ich komplett blank und meine Mutter aktuell nicht bereit, mich weiter zu unterstützen. Glücklicherweise gab es im Sommer auf dem Land immer etwas zu tun. Deshalb fing ich bald an, Kuhställe auszumisten. Meine Mutter sagte zwar nichts dazu, aber ich merkte, dass sie sich freute. Damit war ich nun übrigens der Einzige in unserem Haushalt, der einer geregelten Beschäftigung nachging!

Allerdings fand auch dieses Geld ziemlich schnell wieder den Weg in den Nationalen Widerstand – beziehungsweise zur Deutschen Bahn. Tristan rief nämlich an und fragte, ob ich ihm am Wochenende beim Plakatekleben helfen könnte. Bei dem Wort »Plakate« zog sich unwillkürlich mein Magen zusammen.

Weil ich länger schwieg, vergewisserte sich Tristan: »Du bist doch dabei? Das hatten wir doch so besprochen.«

Ich überlegte. Es stimmte. Wir hatten vereinbart, uns gegenseitig zu unterstützen. Deshalb gab ich mir schließlich einen Ruck: »Selbstverständlich mache ich mit!«

Immerhin hatte ich inzwischen einige Übung im Kleben. Selbst wenn das vermutlich mein gesamtes Gehalt fressen würde. Schließlich wohnte Tristan nicht gleich um die Ecke, sondern zwei Stunden mit der Bahn entfernt.

Aber im Gegensatz zu Sebastian holte Tristan mich

sogar vom Bahnhof ab. Bei ihm zu Hause warteten dann – neben Volker, den ich bereits vom Wehrsportlager kannte, und Gerald, einem weiteren Freund von Tristan – Bier und Bratwürste auf mich. So gefiel mir das! Auch sonst zeigte sich Tristan deutlich dankbarer für meine Unterstützung als Sebastian.

»Ist wirklich klasse von dir, dass du extra von so weit weg angereist kommst«, betonte Tristan immer wieder, während wir zusammen mit Gerald und Volker die komplette Stadt mit Plakaten zupflasterten.

Ich winkte großmütig ab, obwohl ich mich insgeheim natürlich freute. Eifrig beklebte ich mit den anderen die Laternenpfähle, Schaufenster und Wartehäuschen der Stadt. Bis wir plötzlich vor dem örtlichen Bürgerbüro einer unserer Regierungsparteien standen. Einen kurzen Augenblick waren wir alle still. Dann schauten wir uns an und mussten grinsen. Anscheinend hatten wir alle denselben rebellischen Gedanken: In dieser Partei engagierte sich ein Beamter des Staatsschutzes – also unser ärgster politischer Feind. Daher war es uns eine ganz besondere Freude, die komplette Außenwand dieses Gebäudes mit rechten Parolen zu bestücken. Was für eine Provokation! Wir glucksten und kicherten und malten uns aus, wie der Staatsschützer sich ärgern würde, wenn er das Büro seiner Partei betreten wollte.

Leider dauerte unser Spaß nicht lange. Plötzlich flackerte blaues Licht durch die dunklen Straßen. Gerald schrie: »Die Bullen! Die Bullen!«

Sofort ließ er alles fallen und rannte los. Ich ihm hinterher. Zwar hatten wir tausend Mal besprochen, dass im Falle einer Flucht möglichst jeder in eine andere Richtung rennen sollte, um eine Verfolgung zu erschweren, aber ich war schon wieder viel zu sehr in Panik, als dass ich auch nur einen klaren Gedanken hätte fassen können. Noch dazu kannte ich mich in Tristans Stadt überhaupt nicht aus. Ich sprang also hinter Gerald her über Hecken und Zäune, raste durch dunkle Gärten und über fremde Terrassen. Bloß weg. Bloß nicht von den Bullen schnappen lassen!

Nach rund zehn Minuten erreichten wir einen kleinen Park, in dem ausladende Trauerweiden standen. Gerald hechtete unter ein besonders üppiges Exemplar und blieb dann röchelnd stehen. Die Hände auf den Knien.

»Sind sie weg?«, keuchte ich, wobei meine Lunge so beängstigend pfiff, dass ich mich fragte, ob ich die Raucherei vielleicht wirklich lieber aufgeben sollte.

Gerald ließ sich außer Atem gegen den Stamm sinken und nickte schlapp: »Glaub schon.«

Vorsichtshalber blieben wir noch längere Zeit unter der Trauerweide, von der aus wir eine gute Sicht auf die Straße und die umliegende Parkanlage hatten. Da sich auch in der folgenden Stunde nichts tat, schlichen wir in geduckter Haltung durch den Park und an Häuserwände gedrückt zu Tristan nach Hause. Doch da war niemand.

»Die haben bestimmt die Bullen erwischt«, stöhnte Gerald und setzte sich auf die unterste Treppenstufe vor dem Haus.

Ich suchte mir einen Platz ein paar Stufen weiter

oben. Mein Herz schlug bis zum Hals. Erwischt? Und nun? Ich hatte tausend Fragen, aber Gerald lehnte sich mit dem Kopf gegen das Treppengeländer und begann zu schnarchen. Den konnte ich nichts mehr fragen. Wortlos kauerten wir in der dunklen, kühlen Straße und schließlich musste auch ich eingenickt sein, denn als ich plötzlich Stimmen hörte, zuckte ich erschrocken zusammen. Es waren Tristan und Volker.

»Wo kommt ihr denn her?«, rief Gerald, wobei er erstaunlich wach klang.

Tristan schnaubte. »Von den Bullen.«

Gerald drehte sich mit einem »Na, habe ich es dir nicht gesagt?« zu mir um.

Aufgeregt liefen wir gemeinsam nach oben und Tristan und Volker erzählten, wie die Bullen sie gelöchert und ihre Jacken- und Brieftaschen durchstöbert hätten.

»Wieso denn das?«, wunderte ich mich.

»Na, die haben verfassungsfeindliches Zeug gesucht. Irgendetwas, was sie uns anhängen könnten.« Tristan grinste. »Haben sie aber nicht gefunden.«

Auf den Schreck tranken wir erst noch ein paar Bier miteinander, ehe wir alle auf dem Sofa einschliefen.

Aber auszuschlafen war mir in diesen Ferien offenbar nicht vergönnt. Früh um sechs klingelte es Sturm an Tristans Tür und ich brummte: »Welcher Idiot ist das denn jetzt?«

Tristan zuckte mit den Schultern und schlurfte schlaftrunken zu seiner Haustür. Dann wurde es lebhaft im Flur. Wache Stimmen redeten laut durcheinander. Viele wache Stimmen. Ich hatte ein ungutes Gefühl. Kurz darauf standen sie dann auch schon im Wohnzimmer: der Beamte vom Staatsschutz, dessen Bürgerbüro wir »verschönert« hatten, in Begleitung von mehreren Polizisten. Ich erlebte meine erste Hausdurchsuchung. Der Vorwurf: Sachbeschädigung. Und dafür machten die so ein Theater?

Ein Polizist bat mich aufzustehen. Er fragte nach meinen Personalien und begann, mich abzutasten, ob ich irgendwelche Waffen bei mir trug. Dann kommandierte er: »Setzen!«

Eingeschüchtert ließ ich mich aufs Sofa fallen und bewegte mich keinen Zentimeter mehr, während die Beamten Tristans komplette Wohnung auseinandernahmen. Ich dachte an seine Hakenkreuzfahne, aber glücklicherweise fanden die Beamten sie nicht. Stattdessen trugen sie seinen Computer aus dem Haus und nahmen sein Handy mit. Außerdem sämtliche Plakate und Aufkleber. Mitleidig sah ich zu Tristan rüber. Ich wollte jetzt nicht in seiner Haut stecken! Auch wenn mein Gastgeber erstaunlich unbeeindruckt wirkte und sich von der geballten Staatsmacht nicht einschüchtern ließ – vermutlich war dies nicht seine erste Hausdurchsuchung.

Als die Herren Staatsbeamten endlich abgezogen waren, fragte er: »Soll ich dich dann jetzt zum Bahnhof bringen? Plakate zum Verkleben haben wir eh keine mehr.«

Die Lust auf weitere Aktionen war uns erst einmal vergangen.

Noch dazu neigten sich die Sommerferien allmählich dem Ende zu und ich musste mich auf meine neue Schule vorbereiten, eine Realschule ganz in der Nähe. Um einen möglichst bedrohlichen Eindruck zu vermitteln, beklebte ich meinen Helm mit provokanten Aufklebern der Jungen Nationaldemokraten: »Aktion Widerstand« und »Frei! Sozial! National!«. Meine Lehrer und neuen Mitschüler sollten gleich wissen, mit wem sie es zu tun bekamen. Wieder einmal war ich froh, dass ich mich hinter meiner harten Fassade verstecken konnte, denn ich war ziemlich aufgeregt wegen des anstehenden Schulwechsels.

Meine Mutter redete mir gut zu. »Das ist jetzt deine Chance. Wenn du deinen Abschluss schaffst, bekommst du vielleicht eine gute Ausbildungsstelle.«

Dabei hatte ich die ganze Zeit das Gefühl, dass sie sich insgeheim freute, dass ich auf dem Gymnasium versagt hatte. So hatte meine Mutter mit ihrem »Timo ist eben nicht so schlau« doch noch recht behalten. Außerdem blieb sie damit die Einzige in unserer Familie mit Abitur – auch wenn sie nichts daraus gemacht hatte. Mir blieb also die Chance, der Einzige in der Familie mit einer Berufsausbildung zu werden.

Mit einem grimmigen Gesichtsausdruck und verschränkten Armen setzte ich mich in meinen neuen Klassenraum. Ich hatte mir fest vorgenommen, mir nicht noch einmal so auf der Nase herumtanzen zu lassen wie an meiner alten Schule, als mein Geschichtslehrer sich ständig über mich lustig gemacht hatte. Diesmal wollte ich so viel Angst verbreiten, dass sich erst gar keiner traute, etwas gegen mich zu sagen. Deshalb war ich von Sebastian geschult worden, um die Argumente meiner Lehrer bestmöglich auszuhebeln. Speziell im Fach Geschichte, wo wir in diesem Jahr ausgerechnet das Thema Nationalsozialismus durchnahmen.

Diesmal war ich vorbereitet.

Schon als unsere Lehrerin Frau Holtmann zum ersten Mal das Wort Holocaust benutzte, lachte ich spöttisch auf.

Irritiert sah sie in meine Richtung. »Timo. Möchtest du uns etwas sagen?«

Sie kannte meinen Namen, obwohl ich neu in der Klasse war. Das hieß: Auch *sie* war vorbereitet. Kampflos wollte sie ihre Autorität anscheinend nicht aufgeben. Und mit ihrem verbindlichen »uns« wollte sie meine Klassenkameraden gleich mit ins Boot holen. Mir egal. Ich schüttelte den Kopf. »Was soll denn das für eine Wahrheit sein, die Polizeischutz braucht?«

Meine Lehrerin guckte verwirrt und kramte in ihrem Kopf nach einer passenden Antwort. Einige Klassenkameraden sahen mich interessiert an. *So* hatten sie sich das bestimmt noch nie überlegt. Ich verschränkte meine Arme und lächelte selbstgefällig.

»Du möchtest doch jetzt nicht den Holocaust infrage stellen?«, ging Frau Holtmann zum Angriff über.

»Ich?« Ich sah sie treuherzig an. »Ich frage mich nur, wo die Beweise sind. Ich glaube, diese Vermutung beruht lediglich auf Zeugenaussagen.«

Meine Lehrerin bekam einen knallroten Kopf. »Entschuldige mal, du wirst ja wohl auch die Videos gesehen haben von diesen armen ausgemergelten Menschen aus Auschwitz und Dachau und wie diese ganzen schrecklichen Lager hießen!«

Nun nickte ich betroffen. »Es gab fürchterliche Versorgungsengpässe während des Krieges. Davon werden Sie ja vermutlich schon gehört haben.«

Ein paar Klassenkameraden kicherten. Ihnen schien unser Duell Spaß zu bereiten. Mir auch. Denn meine Lehrerin saß hinter ihrem Pult und schnappte nach Luft wie ein Fisch, der an Land geworfen wurde. Schließlich sprang sie auf und rannte aus dem Klassenzimmer. Was für ein Sieg! Und ich war noch nicht einmal alle Argumente losgeworden.

Allerdings muss ich zugeben, dass Sebastians Schulung nicht immer so erfolgreich griff. Als wir einmal zusammen nach dem Sportunterricht mit dem Bus fuhren, sprach ich eine Klassenkameradin an, die etwa zwei Meter von mir entfernt stand. Ich musste ziemlich laut reden. Aber das war ja auch Ziel meiner Aktion. Also rief ich: »Du, Anna, deine Eltern haben doch einen Bauernhof mit Geflügel.«

Anna, die gerade mit ein paar Freundinnen zusammenstand und ganz offensichtlich keine Lust auf eine Diskussion mit mir hatte, drehte sich genervt um. »Ja. Und?«

»Dann wird dich doch bestimmt interessieren, dass die Vogelgrippe vom Staat inszeniert wurde.«

Inzwischen war es mucksmäuschenstill im Bus. Anna verzog ihr Gesicht. »Hä? Wie kommst du denn darauf?«

»Ein guter Bekannter hat mir erzählt, dass er einen Freund in Frankreich hat. Und der hat noch nie etwas von der Vogelgrippe gehört. Obwohl sie bei uns im Fernsehen immer berichten, wie viele Vögel dort umgebracht wurden, damit sich die Grippe nicht weiterverbreitet.«

Ein paar der Umstehenden fingen an zu grinsen und Anna tippte sich mit ihrem Zeigefinger an den Kopf. »Du laberst vielleicht einen Blödsinn.«

Damit wandte sie sich wieder ihren Freundinnen zu, von denen einige leise kicherten. Ich merkte, wie mir heiß wurde. Zumal es mir natürlich gleich doppelt so peinlich war, mich vor den Mädchen blamiert zu haben, denen ich grundsätzlich gerne gut gefallen hätte. In einem letzten Versuch, meine Ehre zu retten, rief ich deshalb laut: »Da sieht man mal, wie verblendet du bist. Die Regierung will doch nur, dass die Bauern vernichtet werden. Sie will uns schwächen, damit wir irgendwann vollständig vom Import abhängig sind.«

Anna winkte bloß ab und ich war die gesamte restliche Fahrt dem Hohn und Spott meiner Klassenkameraden ausgesetzt. Ich fühlte mich wie ein Idiot. Dabei ärgerte ich mich eigentlich vor allem über mich selbst. Denn zugegeben: Sogar mir kam diese Geschichte ein wenig fragwürdig vor. Wie so viele Geschichten von Sebastian. Aber da ich ihn so verehrte, war ich bereit, über seinen offensichtlichen Verfolgungswahn hinwegzusehen. Trotzdem nahm ich mir vor, seine Argumente demnächst genauer zu überdenken, bevor ich sie in die Welt hinausposaunte, damit mir nie wieder so eine Pleite wie im Bus passierte.

Und weil ich mich nun ohnehin so intensiv mit Verschwörungstheorien und Argumentationstechniken auseinandersetzte, plante ich, auch meine Jungs aus der Ortsgruppe entsprechend zu schulen. Allerdings nicht nur in Holocaust-Leugnung, sondern auch in »Benehmen auf politischen Veranstaltungen«. Demnächst stand nämlich wieder eine Demonstration an und dorthin wollte ich meine Jungs mitnehmen. Das war eine heikle Angelegenheit, denn Sebastian betonte immer: »An den Untergebenen erkennt man die Führungsqualitäten des Anführers!«

Deshalb bläute ich Klaus, Heiner und Ralf ein: »Keine Diskussionen mit Polizeibeamten! Und niemals auf die Pöbeleien der Gegendemonstranten reagieren!«

Alle nickten artig. Sie freuten sich auf das große Ereignis. Heiner schlug vor, noch einen Kumpel mitzubringen: Rüdiger. Das bereitete mir einerseits Bauchweh, weil ich Rüdiger nicht vorbereiten konnte. Andererseits hoffte ich noch immer auf mein fehlendes fünftes Mitglied in der Ortsgruppe! Also sagte ich: »Okay, bring ihn mit.« Eine Entscheidung, die ich bereits im Auto bereute.

Kurz vor der Ankunft fragte ich meine kleine Reisegruppe noch einmal: »Hat jeder seinen Ausweis dabei?«

Alle riefen pflichtschuldig: »Ja!«

Außer Rüdiger. Der kramte erst hektisch in seinem Portemonnaie. Dann rief er: »Mist! Habe ich vergessen.«

Wütend drehte ich mich zu ihm um. »Das ist jetzt nicht wahr, oder?« Jeder Vollidiot weiß doch, dass man auf einer Demo seinen Ausweis zeigen muss. Sonst kommt man doch gar nicht aufs Gelände! Ich schlug mir mit der flachen Hand gegen die Stirn und fluchte vor mich hin. »Wie kann man bloß dermaßen bescheuert sein!« Umkehren und Ausweis holen ging jetzt auch nicht mehr. Immerhin waren wir fast da. »So was Blödes!«, ärgerte ich mich weiter.

Da rief Rüdiger: »Kein Problem! Ich habe einen Ausweis gefunden!«

Darüber war ich so erleichtert, dass ich gar nicht nachfragte, *welchen* Ausweis er gefunden hatte. Ein Fehler, wie sich herausstellen sollte!

Mir blieb beinahe das Herz stehen, als ich neben Rüdiger kontrolliert wurde und sah, wie er seinen Truppenausweis von der Bundeswehr aus der Brieftasche zog. War Rüdiger wahnsinnig? Wie konnte er als Zeitsoldat so leichtsinnig sein? Das konnte ihn seinen Job kosten! Schließlich war der Militärische Abschirmdienst immer auf der Suche nach Rechten in den eigenen Reihen. Ein rechtes Tattoo, die falsche Parteizugehörigkeit – und man war raus aus dem Laden!

Der Polizist, der nun nicht nur Rüdigers Ausweis, sondern dessen gesamte berufliche Zukunft in den Händen hielt, grinste breit und stupste seinen Kollegen an. Keine Ahnung, ob das für Rüdiger noch Folgen haben würde.

In mir brodelte es, aber ich versuchte, mich zu beruhigen. Schließlich war es nicht mein Problem, wenn Rüdiger seinen Job verlor. Trotzdem konnte ich es mir nicht verkneifen, Rüdiger nach der Kontrolle auf seinen Fehler hinzuweisen, der sofort ziemlich zerknirscht guckte und meine Weitsicht bewunderte. Vielleicht wäre Rüdiger ja doch ein geeigneter fünfter Mann?

Während wir nebeneinander marschierten, beobachtete ich ihn unauffällig. Er klebte permanent an Heiner und verzog keine Miene, während die Linken, die unseren Aufmarsch flankierten, brüllten: »Ihr seid die braunen Rattenfänger!«

Ich dachte: »Was für ein dämlicher Spruch!«

Da drehte Heiner sich plötzlich zu ihnen und schrie: »Und ihr seid die Ratten!«

Ein paar unserer Kameraden musterten Heiner verwundert – ich wäre am liebsten im Boden versunken. Ich hatte doch ganz klar angeordnet, die Pöbeleien der Linken zu ignorieren!

Wütend stierte ich Heiner an. Das nächste Mal würde er wieder zu Hause bleiben. Da reiste ich ja lieber mit dem Zug an, als mich noch einmal dermaßen von einem Kameraden blamieren zu lassen! Fremdscham in einer neuen Dimension.

6

»Weder die Hinwendung zu noch die Distanzierung
von rechtsextremen Gruppierungen oder Szenen passiert ›von einem Tag auf den anderen‹. Beides ist ein
länger andauernder Prozess. Ein singuläres Erlebnis
kann daher die rechtsextreme Ideologie nicht grundle-
gend infrage stellen. Vielmehr ist ein Faktorengemenge
entscheidend: Enttäuschungen und Negativerfahrungen
in der Szene, Konflikte mit der Justiz oder ›politischen
Gegnern‹, Zukunftsängste und eventuelle positive Be-
gegnungen mit Personen außerhalb des Szenekontextes.

Mögliche Anzeichen für einen Ausstiegswillen können
sich reduzierende Szeneaktivitäten sein, beispielsweise
verringerte Teilnahme an entsprechenden Demonstrationen, die Freizeit wird nicht mehr ausschließlich im
Rahmen der rechtsextremen Bezugsgruppe verbracht.
Auf solche ersten Anzeichen sollten Freunde, Eltern,
Lehrer und andere Bezugspersonen mit Kommunika-
tions- und Interaktionsangeboten reagieren, ohne einen Ausstieg einzufordern – dies wäre in den meisten
Fällen eher kontraproduktiv und führte eventuell eher
zu einem erneuten Rückzug in als sicher empfundene
rechtsextreme Bezüge.«

Dr. phil. Christian Pfeil, wissenschaftlicher Mitarbeiter Uni Oldenburg

Mein sechzehnter Geburtstag stand an. Vor einem Jahr hatte ich noch mit Jochen gefeiert. Ganz gemütlich mit ein paar Flaschen Bier an dem großen Fluss, an dem er lebte und über den ich als Kind mit der Fähre gefahren war. Es war vermutlich einer meiner schönsten Geburtstage überhaupt gewesen. Ich spürte, wie mein Herz schwer wurde. Zumal ich keine Ahnung hatte, was aus meinem alten Kameraden geworden war. Hatte er sich den Linken angeschlossen? Hatte er sich neue rechte Freunde gesucht?

Meine Mutter unterbrach meine Gedanken: »Wann kommen die Spinner denn?«

Ich sah auf die Uhr meines Handys. »In einer halben Stunde.«

Meine Mutter verzog ihren Mund. Sie hatte keine Lust darauf, »diese Spinner und Wichtigtuer im Haus zu haben«. Dementsprechend hatte es unendliche Diskussionen darüber gegeben, ob ich im Gartenhaus feiern dürfte oder nicht.

Letztendlich hatte sogar Robert meiner Mutter zugeredet: »Es ist doch sein Geburtstag.«

Und schließlich hatte meine Mutter zugestimmt und den Schlüssel rausgerückt.

Nun war ich ziemlich aufgeregt. Wegen des ranghohen Besuchs, der sich angekündigt hatte. Sebastian würde auch kommen und er hatte mir eine Riesenüberraschung versprochen. Schon die ganze Zeit grübelte ich, was das sein könnte. Leider ließ Sebastian mich lange warten. Er kam erst Stunden später, als die meisten meiner Gäste schon ziemlich betrunken und in bester Stimmung waren. Sebastian hatte mir sein Ankommen mit einer SMS angekündigt und ich war sofort nach draußen gerannt, um ihm bei der Parkplatzsuche behilflich zu sein.

Mit einem feierlichen Gesichtsausdruck öffnete Sebastian seinen Kofferraum. Ich machte einen langen Hals. Zuerst überreichte er mir eine CD meiner Lieblingsband. Danach eine große Kiste voller Aufkleber und Flugblätter. Etwas ratlos sah ich ihn an. War das die *Riesenüberraschung*? Diese Kiste voller Propagandamaterial? Ich bemühte mich, mir meine Enttäuschung nicht allzu sehr anmerken zu lassen, und bedankte mich artig. Da griff Sebastian noch ein letztes Mal in sein Auto und zog eine JN-Fahne heraus, wie ich sie auf meiner ersten Demo geschwenkt hatte. Während er sie mir überreichte, verkündete er bemüht feierlich: »Mein lieber Timo. Zum Anlass deines sechzehnten Geburtstags möchte ich dich hiermit zum Bereichsleiter der Jungen Nationaldemokraten und somit zum Mitglied des Landesvorstandes ernennen. Ich versichere, dass du beim nächsten Landesverbandstreffen dazu aufgestellt und auch gewählt werden wirst. Alles ist bereits abgesprochen.«

Nun hatte ich Tränen in den Augen. Da hatte ich monatelang davon geträumt, offizieller Leiter meiner kleinen Ortsgruppe zu werden. Und jetzt wurde ich zum Beauftragten des gesamten Gebietes, das ungefähr zehn Wahlkreise umfasste. Ich war überwältigt. Überschwänglich schüttelte ich Sebastians Hand, der mich abwehrte und lachend behauptete: »Das hast du nur dir selbst zu verdanken!«

Ich war selig. Auch wenn mir schmerzlich bewusst wurde, dass ich damit den Posten von Jochen übernahm. Aber diesen Gedanken schob ich schnell beiseite. Jetzt wollte ich meinen Aufstieg feiern! Ich war zwar jünger als die meisten, aber auf mich wartete eine vielversprechende Karriere in der Partei. Während ich mich schon von den Wahlplakaten lächeln sah, erwartete mich zuallererst aber etwas anderes. Und das waren Schulungen. Jede Menge Schulungen.

Ganz ehrlich: Darauf hatte ich überhaupt keine Lust. Was sollte an »Bedienen von Funkgeräten« so wichtig oder interessant sein, dass ich dafür einen ganzen Tag opfern musste? Ich war – bedingt durch meinen Erfolg – bequemer geworden und besuchte tatsächlich nur noch die Veranstaltungen, vor denen ich mich nicht drücken konnte oder wollte. Unsere Weihnachtsfeier zum Beispiel.

Tristan hatte das geschickt eingefädelt: Er hatte nämlich die Feier mit einer Schulung kombiniert. Weil ich keine Lust hatte, mit der Bahn zu fahren, und außerdem der Meinung war, dass Heiner ein bisschen politische Bildung nicht schaden könnte, bat ich ihn, mich zu begleiten. Die Feier sollte auf dem herrschaftlichen Anwesen eines wohlhabenden Altnazis stattfinden. Daher war schon die Örtlichkeit beeindruckend. Ein altes Herrenhaus mit einer breiten Treppe, auf der rechts und links jeweils steinerne Löwen thronten. Davor – am Rande der weißen Kiesauffahrt – gab es Buden mit Würstchen und Bier. Diese Veranstaltung hatte etwas von einem gemütlichen Weihnachtsmarkt. Mal abgesehen von dem Programm, das in den ausgebauten ehemaligen Ställen stattfinden sollte: eine Kaderschulung, für die mehrere externe Redner eingeladen waren.

Zuerst stellte sich ein bekannter Rechtsanwalt vor unsere Gruppe. Schon allein sein Name sorgte für Ehrfurcht unter uns Anwesenden. Er war ein in der Szene hoch angesehener Holocaust-Leugner und bekennender Nazi. Ausgerechnet er erklärte mir nun, wie ich mich im Falle einer Hausdurchsuchung zu verhalten hätte und wie ich gegen einen Strafbefehl Widerspruch einlegte. Dieses Thema interessierte mich zwar nicht die Bohne, trotzdem klebte ich an seinen Lippen. Er hätte auch über die rechtliche Situation von Wellensittichen in Litauen sprechen können und ich hätte jedes Wort aufgesogen. Ich war überwältigt, während Heiner neben mir gelangweilt mit seinem Handy spielte. Ganz offensichtlich fehlte ihm der Respekt vor den Helden unserer Bewegung.

Das sagte ich ihm auch in der kurzen Rauchpause, woraufhin er nur gleichgültig mit den Schultern zuckte. Ich hoffte trotzdem, dass er sich beim nächsten Redner etwas besser benehmen würde. Schließlich ging es diesmal um »Die weltanschaulichen Grundlagen der Nationalen Gesellschaft«. Erstaunt sah ich mich im Raum um. Er war voll besetzt. War es nicht etwas heikel, solche Themen vor einer großen Gruppe zu besprechen? Schließlich waren bestimmte Aussagen – gerade in Bezug auf Juden und den Holocaust – nicht nur gesellschaftlich unerwünscht, sondern schlichtweg verboten. Der geladene Historiker legte zuerst einmal Alfred Rosenbergs *Der Mythus des 20. Jahrhunderts* auf den Tisch. Ein Buch – in unseren Kreisen mindestens so bedeutsam wie Hitlers *Mein Kampf.*

»Das hast du doch auch«, zischte Heiner.

Aha. Nun war er ebenfalls interessiert. Ich nickte. Unser Redner erklärte, dass nur die arische Rasse in der Lage sei, kulturelle Leistungen zu erbringen. Dazu sei es aber absolut notwendig, unsere Rasse rein zu halten. Er warf ein Bild von einer Afrikanerin mit einem riesigen Hintern an die Wand. »So etwas will doch keiner!«, meinte er und alle lachten. Das nächste Bild war der Schädel eines Schwarzen. »Es gibt Studien, gute, anerkannte Studien, die belegen, dass dunkelhäutige Menschen, Neger, deutlich weniger Intelligenz besitzen. Der IQ eines Schwarzen liegt zwischen zehn und fünfzehn Prozent unter dem eines Weißen.« Der Historiker redete sich richtig in Rage. »Deshalb ist diese ständige Vermischung der Rassen fatal. Vor allem die Vermischung mit der jüdischen Rasse.«

Während der Historiker vorne weiterwetterte, überlegte ich, was eigentlich wäre, wenn ich mich in ein »normales« Mädchen verlieben würde, das sich als nicht arisch herausstellte. Müsste ich mich dann vor ihr ekeln, weil sie nicht »rein« war? Oder hätte ich das dann nicht ohnehin spüren müssen? Was, wenn ich es nicht merkte? War ich dann ein schlechter Deutscher?

Es erschien mir ohnehin schon schwierig, eine Freundin zu finden. Wie viel schwieriger wurde es, wenn ich nun auch noch auf Rassereinheit achten musste?

Immerhin beschäftigte mich dieses ganze Freundin-Thema momentan sehr. In meiner Klasse hatte fast jeder schon eine. Ich tat zwar immer so, als würde mich außer der Parteiarbeit nichts interessieren. Tatsächlich träumte ich aber doch davon, endlich auch einmal eine Beziehung zu haben.

Ich sah zu Heiner und überlegte, ob ich ihn fragen sollte, wie er zu dem Thema stand. Aber Heiner spielte schon wieder mit seinem Handy. Also sah ich wieder nach vorne und spürte ganz tief in mir, dass sich dieser ganze Rassenkram nicht richtig anfühlte. Das war zu eng. Zu streng. Zu gestrig. Gleichzeitig erschrak ich über diesen Gedanken und versuchte, ihn wieder abzuschütteln.

Dementsprechend erleichtert spendete ich Applaus, als der Historiker, der übrigens an einer deutschen Uni lehrte, seinen Vortrag endlich beendet hatte. Nun freute ich mich auf den lustigen, den unbeschwerten Teil dieser Veranstaltung: die Weihnachtsfeier.

Zusammen mit Heiner steuerte ich zuerst den Bierstand an. Aber irgendwie wurde die Stimmung nicht so richtig locker. Das lag vermutlich an dem Historiker und seinem Gefolge. Sie gehörten nämlich zu den Völkischen Nationalisten, also den traditionellen Rechten, die sich das Dritte Reich zurückwünschen. Sie standen da – allesamt in Braunhemd und Zimmermannhose – und hielten sich an ihrem Wasser fest. Getreu dem Motto: Nur in einem gesunden Körper lebt ein gesunder Geist.

»Mann, sind das Spaßbremsen!«, knurrte Heiner.

Ich nickte verkniffen. In diesem Moment steuerte Tristan auf mich zu. Er war schon den ganzen Abend um die »Völkischen« herumgewuselt und nun wollte er mich ihnen vorstellen. Widerstrebend folgte ich ihm. Aber damit fühlte weder ich mich wohl noch freuten sich Tristans neue Freunde über meine Anwesenheit. Sie reichten mir kaum ihre Hand zur Begrüßung. Schließlich war ich Biertrinker und Raucher. Für sie war jeder, der nicht nach ihren Maßstäben lebte, ein schlechter Nationalist. Sie waren wie eine Sekte. Dabei sollten wir doch eigentlich zusammenhalten. Oder nicht?

Angewidert von ihrer Arroganz verabschiedete ich mich schnellstmöglich und ließ mich von Heiner nach Hause fahren. Wir hatten uns auf einen tollen Ausflug gefreut, jetzt waren wir einfach froh, wieder zu Hause zu sein.

Meiner Mutter gegenüber gab ich meine Zweifel natürlich nicht zu. Als sie beim Frühstück fragte, wie meine Weihnachtsfeier bei »diesen Spinnern« gewesen sei, schwärmte ich: »Super! Wir waren auf einem richtig schönen Anwesen. Es gab Würstchen und Getränke. Und das Haus hättest du sehen sollen ...«

Obwohl meine Mutter mir schon längst nicht mehr zuhörte und sich stattdessen schon wieder mit meinen kleinen Geschwistern beschäftigte, redete ich weiter. Als hätte ich die Hoffnung, selbst wieder zu glauben, was ich da erzählte. Stattdessen spürte ich, wie meine Begeisterung für *die Sache* allmählich nachließ – auch wenn das außer mir keiner merkte.

In der Schule gab ich weiter den rechtsextremen

Rebellen. Das war meine Rolle. Die musste ich spielen. Was bliebe mir denn sonst? Ich hatte meine Kameraden und ich hatte meine Gesinnung. Mehr gab es doch nicht in meinem Leben. Eine Erkenntnis, die mich mindestens so deprimierte wie der Umstand, keine Freundin zu finden. Ich war so frustriert, dass ich neuerdings sogar kaum noch ans Telefon ging, wenn Tristan oder Sebastian anriefen. Ich lud auch Ralf und Konsorten nicht mehr zu Kameradschaftsabenden ein. Meine Noten sackten weiter ab, sodass es fraglich war, ob ich überhaupt auf der Realschule bleiben konnte. Aber auch das begann mich allmählich zu nerven. Ich war schließlich nicht blöd! Ich war einmal ein richtig guter Schüler gewesen. Und jetzt? Jetzt nahm ich mir irgendwelche Kader zum Vorbild, von denen keiner im wahren Leben etwas erreicht hatte. Die meisten waren arbeitslos und machten daraus noch eine Tugend, indem sie behaupteten, damit dem verhassten System BRD schaden zu wollen. Tatsächlich waren sie einfach Versager. Auch eine Erkenntnis, die ich erst einmal verdauen musste. Zum ersten Mal stellte ich mir die Frage, ob ich auch so enden wollte.

Andererseits erschien mir der Ausstieg aus der Szene sehr heikel. Aussteiger waren Verräter. Feinde. Gerade neulich hatte ich von einem Aussteiger gehört, dem ein Rollkommando nach Hause geschickt wurde. Da traten dann vier, fünf Schlägertypen die Wohnungstür ein und hauten alles kurz und klein. Wollte ich Tristan und Sebastian zum Feind haben? Wer war denn dann noch mein Freund? Keiner! Ich kam zu dem Schluss, dass es keinen Ausweg gab. Ich hatte diesen Weg eingeschlagen. Nun musste ich ihn auch weitergehen.

Passend zu diesem Entschluss rief Klaus bei mir an. »Hey, Timo! Wollte fragen, ob du mit zu der Party von einem Kumpel kommst. Sind alle noch nicht organisiert. Vielleicht kannst du sie dazu bringen, bei uns mitzumachen?«

Sofort dachte ich wieder an mein fehlendes fünftes Mitglied. Deshalb stopfte ich sämtliche Infomaterialien in meinen Rucksack und machte mich am Wochenende mit Klaus auf den Weg zur Geburtstagsparty. Schon bei der Ankunft vor dem riesigen Mietshaus schlug uns laute Musik entgegen. Rechtsrock. Klaus und ich waren allerbester Laune. Bis sich die Wohnungstür öffnete und Klaus' Kumpel uns hereinbat.

Irritiert sah ich mich um. Ich war umgeben von Glatzköpfen! Von wenig politisch engagierten Skinheads in Bomberjacken und Tarnhosen. Proleten.

Da ich früher einen ähnlichen Kleidungsstil gepflegt hatte, entschied ich mich trotzdem zu bleiben. Vielleicht könnte ich ja wenigstens ein paar ernsthafte Gespräche führen. Aber das war, wie sich schnell herausstellte, in diesem Milieu schlicht undenkbar. Ständig titulierte mich irgendwer als Parteiaffe. Diese Leute waren eben wie meine Mutter: Sie hörten rechte Musik, trugen rechte Klamotten – trotzdem war es unmöglich, ihnen auch nur einen Hauch von politischem Denken einzuimpfen. Das waren Polit-Provokateure. Rechts-Proleten. Mein letzter Gesprächspartner drohte mir sogar körperliche Gewalt an, als ich mit ihm über die Ziele unserer Partei sprechen wollte. Dann riss er mir mein JN-Flugblatt aus der Hand und stopfte es sich in den Mund.

Allmählich verlor ich die Geduld. Ich wollte mich bei Klaus beschweren und fand ihn nach einer längeren Suche inmitten der Pogo tanzenden Masse. Als ich mich endlich zu ihm durchgekämpft hatte, forderte ich ihn auf, mich umgehend nach Hause zu fahren.

Einer dieser Glatzköpfe legte den Arm um Klaus' Schulter: »He, Klausi! Bleib doch noch! Is' doch 'ne coole Party.«

Klaus lachte und sagte, dass er noch keine Lust hätte zu gehen.

Allmählich wurde ich wütend. »Ich möchte jetzt sofort nach Hause!« Mit verschränkten Armen stellte ich mich neben die Tür und wartete auf meinen Kameraden.

Der tanzte nach etwa einer halben Stunde auf mich zu. »Timo. Is' so lustig hier. Ich hab dir 'n Taxi gerufen.«

Entgeistert starrte ich ihn an. »Ein Taxi? Sag mal, tickst du noch ganz sauber?« Ich dachte ja überhaupt nicht daran, zwei Tage lang Ställe auszumisten, um dann einmal von einer schlechten Party mit dem Taxi nach Hause zu fahren. Da stimmte das Preis-Leistungs-Verhältnis nicht! »Du fährst mich jetzt sofort nach Hause! Du weißt genau, dass ich kein Geld habe.«

Klaus drehte sich um. »Warte mal, ich frage mal herum, ob dir jemand was leihen kann.«

Noch ehe ich Klaus am Kragen schnappen konnte, war er wieder in der Menge verschwunden. Allmählich wurde mir das zu blöd. Jetzt sollte ich die Leute, die mich gerade noch verhöhnt hatten, um Geld bitten? Das fehlte mir noch! Ich drehte mich um und stapfte aus der Wohnung, raus auf die Straße. Es war eiskalt – und vor mir lagen zwanzig Kilometer Fußmarsch. Ich steckte meine Hände tief in meine Jackentaschen. Nicht einmal auf Rauchen hatte ich Lust. Bei jedem Einatmen fühlte es sich an, als würde meine Nase von innen gefrieren. Schlotternd blickte ich dem vorbeirasenden Taxi hinterher, das in die Richtung fuhr, aus der ich gerade gekommen war. Nach etwa fünf Kilometern machte ich schlapp. Mit zitternden Fingern zog ich mein Handy aus der Tasche und wählte Ralfs Nummer.

Er klang verschlafen. »Ja?«

»Ralf, du musst mich bitte abholen. Ich stehe hier auf der Landstraße. Klaus hat mich hängen lassen.«

»Wo stehst du?« Ralf brummte genervt in den Hörer. Aber dann versprach er: »Okay. Ich fahre los!«

Mein Ralf! Wenigstens auf ihn war Verlass! Die ganze Fahrt über wetterte ich im Auto gegen Klaus. »Dieser Verräter! Lässt mich schon für ein paar Bier hängen! Was ist denn das für eine Kameradschaft?«

Ralf war viel zu schläfrig, um sich mit mir zu ärgern. Er setzte mich zu Hause ab und raste dann gleich wieder in Richtung Bett davon. Ich konnte vor lauter Wut überhaupt nicht einschlafen. Stattdessen malte ich mir aus, was ich am nächsten Tag zu Klaus sagen würde. Denn mir war klar: Ein solches Verhalten musste Konsequenzen haben! Deshalb rief ich ihn am nächsten Morgen schon in aller Frühe an: »Klaus, wie du dich gestern verhalten hast, ist inakzeptabel.«

Schweigen in der Leitung.

»Ich muss dir leider mitteilen, dass deine Anwesenheit in der Ortsgruppe ab sofort nicht mehr erwünscht ist.«

Nun hatte ich ja ein wenig gehofft, dass Klaus um Entschuldigung bitten würde. Oder dass er wenigstens zerknirscht wäre. Stattdessen brummte er bloß: »Das ist eh nicht das Richtige für mich. Und Heiner tritt auch aus.«

Nun war ich baff. »Der Heiner?«, fragte ich schrill. Mein Entsetzen über diese Information war mir anzuhören. Das ärgerte mich. Deshalb holte ich tief Luft und erklärte dann wieder gewohnt zackig: »Von diesem Vorhaben soll mich dein Zwillingsbruder bitte selbst in Kenntnis setzen.« Dann legte ich auf.

Na, das war ja was. Wenn es stimmte, was Klaus sagte, wäre ich auf einen Schlag gleich zwei meiner Mitglieder los. Wie sollte ich diesen plötzlichen Mitgliederschwund Sebastian erklären? Prompt brummte mein Telefon und kündigte damit eine SMS an. Sie war von Heiner.

»Melde dich bitte nie wieder bei mir.«

Das war's. Jetzt waren wir noch zu zweit in der Ortsgruppe: Ralf und ich.

Ich wartete ein paar Tage, ehe ich Sebastian von diesem Desaster erzählte. Manchmal renkten sich die Dinge ja auch ganz von alleine wieder ein. Es hätte ja sein können, dass Heiner und Klaus ihre Arbeit in der Ortsgruppe doch noch fortführen wollten. Wollten sie aber nicht. Leider.

Ich fürchtete, dass nun Zweifel an meinen Führungsfähigkeiten aufkommen könnten. Aber Sebastian lachte bloß, als ich ihm diese niederschmetternde Nachricht zerknirscht überbrachte. »Das wird dir noch häufiger passieren.«

Damit war das Thema für ihn erledigt. Für mich nicht. Ich war ziemlich deprimiert. Denn aus der Gründung meiner Ortsgruppe wurde weiterhin nichts. Zwar war ich Bereichsleiter der Jungen Nationaldemokraten. Aber das hörte sich viel wichtiger an, als es tatsächlich war. In den drei Monaten meiner Tätigkeit hatte sich kein einziger Interessent bei mir gemeldet, der darüber nachdachte, sich in der JN zu engagieren. Ich musste der Tatsache ins Auge sehen: Mein Landesverband war so gut wie tot. Und es war wie so oft im Leben: Wenn's kommt, dann richtig dicke.

Am nächsten Morgen klingelte es. Verschlafen tastete ich nach meinem Handy, um den Wecker auszuschalten. 6 Uhr? Ungläubig kniff ich die Augen zusammen. Da klingelte es schon wieder. Diesmal verstand ich: Es klingelte nicht mein Wecker, es klingelte an der Tür. Müde rieb ich meine Augen. Wer wollte uns denn bitte so früh besuchen? Von nebenan hörte ich meine Mutter rufen. Anscheinend aus dem Schlafzimmerfenster direkt neben meinem Zimmer. »Wer ist denn da?« Sie klang sauer. Hoffentlich war das keiner von meinen Kameraden! Dann würde ich mir wieder etwas anhören dürfen!

Ich lauschte nach draußen.

»Hier ist die Polizei. Machen Sie bitte umgehend die Tür auf!«

Es war, als würde eine Bombe in meinem Bauch

explodieren. Die Bullen? Was wollten die denn von mir? Denn dass sie zu mir wollten, daran hatte ich gar keinen Zweifel. Geistesgegenwärtig schlug ich meine Bettdecke beiseite und hechtete zum Schreibtisch. Dort schnappte ich meinen Laptop und schob ihn unters Sofa. Schon im nächsten Moment sprang meine Zimmertür auf. Ich zuckte zusammen. Vier uniformierte Beamte standen in meinem Zimmer. Dahinter meine wutschäumende Mutter. Ich hätte mich am liebsten zu meinem Laptop unters Sofa verkrochen.

Ich druckste: »Geben Sie mir bitte einen kleinen Moment? Ich ziehe mir eben was an …«

Dabei ratterte es in meinem Kopf. Was hatte ich über Hausdurchsuchungen gelernt? Hätte ich bei diesem Nazi-Anwalt bloß besser aufgepasst! Ich wusste nur noch, dass ich mir den Durchsuchungsbeschluss zeigen lassen sollte, *bevor* die Polizisten das Haus betraten. Aber dafür war es ja nun zu spät. Sie standen schon bei mir im Zimmer. Trotzdem verlangte ich nun die Vorlage dieses Schreibens. Gleichgültig hielt mir einer der Beamten den Wisch unter die Nase. Na, toll! Und was brachte mir das jetzt?

Dann sollte ich Zeugen dazuholen. Aber das brauchte ich gar nicht. Meine Zeugen standen eh längst vor meinem Zimmer. »Was ist denn überhaupt los?«, wollte Robert von meiner Mutter wissen.

Meine Mutter zuckte mit den Schultern.

»Ihnen wird vorgeworfen, sich an einer Plakatieraktion beteiligt zu haben«, wandte der Beamte sich an mich. »Der Tatvorwurf lautet Sachbeschädigung.«

Was sollte das denn? Meinten die etwa die Plakatieraktion mit Tristan? Ich stellte gleich mal klar: »Ich habe lediglich den Eimer mit dem Kleister getragen. Ich wusste nicht, dass das verboten ist.«

Einer der Polizisten grinste hämisch. »Wie heißt es doch so schön: Unwissenheit schützt vor Strafe nicht ...«

Innerlich kochte ich vor Wut. Aber ich versuchte, mir nichts anmerken zu lassen. Meine Mutter konnte sich natürlich nicht verkneifen, immer mal in mein Zimmer zu rufen: »Das hast du nun davon!« Oder: »Jetzt siehst du mal, was du angerichtet hast.«

Aber darauf reagierte ich gar nicht. Zumal ich gerade bestürzt verfolgte, wie einer der Beamten auf die Knie ging und mit einer Taschenlampe unter mein Sofa leuchtete.

»Was haben wir denn da?«, freute er sich.

Kurz darauf fragten sie nach meinem Handy, das sie ebenfalls gleich konfiszierten. Genau wie meinen Baseballschläger und ein Luftgewehr, das eigentlich meiner Mutter gehörte. Wie Trophäen trugen sie alles aus dem Haus. Außerdem baten sie mich am Ende der Durchsuchung mitzukommen. »Für eine erkennungsdienstliche Behandlung.«

Ich stimmte sofort zu. Das erschien mir wesentlich attraktiver, als mich jetzt gleich dem Donnerwetter meiner Mutter auszusetzen.

Leider nahmen sie mich aber nicht sofort mit, sondern baten mich zuerst, noch einmal in der Küche Platz zu nehmen. Neben meiner vor Wut kochenden Mutter. Und mit einem Mann, der sich als Herr Schumann, Mitarbeiter des Staatschutzes, vorstellte. Ich nahm mir vor, ihm möglichst patzige Antworten zu geben. Wenn ich diesen ganzen Ärger schon nicht verhindern konnte, wollte ich es diesen elenden Systemkriechern wenigstens so schwer wie möglich machen.

»Haben Sie am fraglichen Tag an der Plakatieraktion teilgenommen?«, wollte der Staatsschützer wissen.

»Vielleicht«, gab ich zur Antwort.

Mein Gegenüber blieb ruhig und freundlich. »Wir wissen genau, dass Sie daran teilgenommen haben. Es gibt Videoaufnahmen.«

»Warum fragen Sie dann?«

Neben mir war meine Mutter schon die ganze Zeit nervös auf ihrem Stuhl hin und her gerutscht. Jetzt schlug sie mit der Hand auf den Tisch: »Jetzt benimm dich gefälligst mal! Wie führst du dich denn auf? Hast du nicht schon genug Unheil angerichtet?«

Nach diesem Ausbruch fing meine Schwester auf dem Flur leise an zu weinen. Ich drehte mich zu ihr um und sah, wie Robert sie auf den Arm nahm, um sie zu trösten, während der kleine Christian seine Arme um Roberts Bein schlang. Meine Geschwister taten mir leid. Eigentlich tat mir sogar mein Stiefvater leid. Trotzdem verschränkte ich die Arme, als ich mich wieder dem Staatsschützer zuwandte. Dabei sah ich ihm direkt in die Augen. Von mir würde er nichts erfahren!

Herr Schumann seufzte und gab seinen Kollegen ein Zeichen, mich mitzunehmen. Meine Geschwister machten tellergroße Augen.

»Es ist alles gut«, versuchte ich, sie zu trösten, wobei ich ihnen über den Kopf strich.

Christian sah mich ängstlich an. »Du musst doch nicht ins Gefängnis, oder?«

Diese Frage traf mich wie tausend Nadelstiche. »Natürlich nicht!«, versicherte ich ihm. Wobei ich mir selbst gar nicht so sicher war. Wer wusste schon, was die mir anhängten?

Mit Herzklopfen stieg ich in das Zivilfahrzeug von Herrn Schumann. Erneut versuchte er, mit mir ins Gespräch zu kommen. »Ganz schön kalt im Moment.«

Ich sagte nichts.

»Magst du noch in der Schule anrufen und sagen, dass du nicht kommst?«

Eisiges Schweigen.

Irgendwann gab er es auf. Was hatte der Bulle denn gedacht? Dass ich mit meinem ärgsten Feind nett plaudern würde? Schwachsinn! Trotzig sah ich aus dem Autofenster. Ob sie Tristan, Volker und die anderen auch gerade vernahmen? Vielleicht traf ich ja sogar einen meiner Kumpels auf dem Revier.

Doch anscheinend hatten dort alle nur auf mich gewartet. Sie brachten mich sofort zur daktyloskopischen Untersuchung – nahmen also Fingerabdrücke. Ich fühlte mich wie ein Verbrecher. Als ich mal kurz aufs Klo musste, beobachtete mich dabei ein Polizist durch ein kleines Fenster in der Tür. Es war absolut entwürdigend.

Anschließend sollten Fotos von mir geschossen werden. Als der zuständige Kollege nicht auftauchte, fragte mich Schumann, ob ich rauchen würde.

Ich nickte.

»Kommen Sie, dann machen wir kurz eine Rauchpause.«

Vor dem Hintereingang, wo die ganzen Polizeiwagen parkten, bot er mir eine Zigarette an.

Ich schüttelte den Kopf. Schließlich nahm ich doch nichts vom Feind an! Schon gar nicht, wenn ich selbst noch Tabak in der Tasche hatte. Während ich genussvoll an der ersten Zigarette dieses Tages zog, scannte ich den Parkplatz nach Zivilfahrzeugen ab. Es war in unserer Szene üblich, sich möglichst viele Polizeikennzeichen von Zivilfahrzeugen zu notieren. Damit man gleich Bescheid wusste, wenn einem ein Zivi-Wagen folgte.

Mein Begleiter grinste: »Na, versuchen Sie, sich die Kennzeichen zu merken?«

Ich sah unbeteiligt auf meine Zigarette. Beinahe kameradschaftlich klopfte mir Herr Schumann auf die Schulter. »Na, dann kommen Sie mal mit. Der Kollege sollte jetzt da sein.«

Sobald wir sein Zimmer betraten, sprang der Beamte auf, um mich zu fotografieren. Ihm schien es völlig gleichgültig zu sein, wen er da vor sich hatte. Ich war nur eine Frontansicht und ein Profil. Ob nun Mörder, Kinderschänder oder Neonazi – Verbrecher ist Verbrecher, Job ist Job. Ein bisschen schauderte mir bei der Vorstellung, plötzlich mit allen Kriminellen dieses Landes in einen Topf geworfen zu werden. Ich wollte nicht in diesen Topf! Ich wollte doch ein normales Leben führen! Mitten in diese Gedanken reichte mir mein

Begleiter vom Staatsschutz die Hand: »Wir sind hier fertig. Ihre Mutter ist da, um Sie abzuholen.«

Damit wandte sich Herr Schumann ab und verschwand in einen langen Gang, von dem unzählige Türen abgingen. Mir sackte das Herz in die Hose. Da blieb ich lieber bei den Bullen, als mich meiner Mutter zu stellen! Schließlich ahnte ich, wie sauer sie auf mich war. Ich hatte eine Riesenangst vor dem, was mir nun blühte. Mit gesenktem Kopf schlich ich hinter ihr her. Sie beachtete mich gar nicht. Und das war viel schlimmer, als wenn sie geflucht oder geschrien hätte. Bis wir zu Hause waren, hatte sie kein einziges Wort mit mir gesprochen.

Da meine Geschwister in der Schule beziehungsweise im Kindergarten waren, gab es niemanden, der sich über meine Rückkehr freute. Robert ließ sich gar nicht erst blicken. Vermutlich musste er erst einmal meine Mutter fragen, wie er nun mit mir umgehen sollte. Ich verkroch mich sofort in mein Zimmer und traute mich den Rest des Tages nicht mehr raus. Nicht zum Rauchen. Nicht zum Essen. Ich lag den ganzen Tag auf meinem Bett und rührte mich nicht. Am liebsten hätte ich Jochen angerufen, um mit ihm über alles zu reden. Aber erstens hatte ich kein Telefon mehr. Und zweitens war Jochen für mich ohnehin nicht mehr zu sprechen. Schließlich war er ein Verräter. Und mit Verrätern durfte ich nichts zu tun haben.

Spät am Abend klopfte es an meine Tür. Ich nahm es als positives Zeichen, dass meine Mutter anklopfte und nicht einfach reinstürmte. Sie setzte sich auf meine

Bettkante und fing an, sich ganz vernünftig mit mir über die Durchsuchung zu unterhalten. »Na, da habe ich heute Morgen ja einen Schreck bekommen!«

Ich nickte. »Ich auch.«

»Weißt du, was die gesucht haben?«

Ich schob meine Unterlippe ein wenig vor. »Keine Ahnung.«

»Einer hat gesagt, sie wollten irgendwelche Tatmittel beschlagnahmen, um Vertriebs- und Produktionswege aufzudecken oder so. Weißt du etwas darüber?«

Ich schüttelte den Kopf, woraufhin meine Mutter seufzte. »Wir müssen mal überlegen, wie wir damit nun umgehen.«

Ich nickte wieder.

»Morgen rufst du mal bei Herrn Schumann an und entschuldigst dich für dein Benehmen. Das ist das Mindeste, was du jetzt tun kannst. Danach sehen wir weiter.« Daraufhin stand meine Mutter auf und ging aus dem Zimmer.

Ich sah ihr aufgewühlt hinterher. Ich sollte mich bei einem Bullen entschuldigen? Niemals! Auch wenn ich das in diesem Moment lieber für mich behielt ... Ich dachte nach. Genau genommen hatte ich nichts Verbotenes getan. Trotzdem beruhigte mich das nicht. Zumal meine Vorstellung von dem, was erlaubt war, sich vermutlich nicht mit dem deckte, was Herr Schumann für legal hielt. Ich musste unbedingt wissen, was bei den anderen los war. Deshalb schlich ich, als es endlich ruhig im Haus war, zum Telefon, um Tristan anzurufen. Der hob gleich ab. »Waren sie bei dir auch?«, fragte er sofort.

»Hmmm«, brummte ich zustimmend.

»Pass auf, die waren bei allen. Wir treffen uns morgen und besprechen das Ganze. Soll ich dich um 15 Uhr abholen?«

»Gerne!«

Erleichtert legte ich auf. Ich hoffte, dass Tristan und die anderen mir sagen könnten, was genau los war und welche Strafe uns nun drohte.

Als am nächsten Morgen mein Wecker klingelte, fühlte ich mich wie gerädert. Durch den Schein der Straßenlaterne vor meinem Fenster erkannte ich, dass es in der Nacht geregnet hatte. Es war nass. Kalt. Dazu noch dunkel und früh. Ich konnte heute nicht zur Schule gehen. Ich hatte nicht den Nerv, mich in die Klasse zu setzen und dem Unterricht zu folgen. Noch immer konnte ich an nichts anderes als an meine gestrige Hausdurchsuchung denken. Deshalb schlich ich leise ins Schlafzimmer rüber und ging neben dem Bett meiner Mutter in die Hocke. »Darf ich heute zu Hause bleiben?«

Meine Mutter brummte nur und drehte sich auf die andere Seite. Ich nahm das als Zustimmung und legte mich zurück in mein Bett. Dort blieb ich und grübelte vor mich hin. Über all die Fragen, die mich schon seit Wochen permanent beschäftigten. Ich hatte mich gut gefühlt, solange ich das Gefühl hatte, das Richtige zu tun. Jetzt hatte ich den Verdacht, mir mein künftiges Leben zu versauen, wenn ich weiter in die eingeschlagene Richtung marschierte – das bewiesen doch auch diese Hausdurchsuchung und der ganze Ärger, der damit zusammenhing. Was mir fehlte, war eine Alternative. Wohin sollte ich denn gehen? Was war mein Ziel? Über diese Frage dachte ich in Endlosschleife nach, bis es unten vor dem Haus hupte.

Tristan war da, um mich abzuholen. Pünktlich auf die Minute. Er wirkte angeschlagen. Wie übrigens alle, die an dem Treffen teilnahmen. Jeder erzählte, wie die Durchsuchung bei ihm verlaufen war, was die Beamten mitgenommen und was sie gesagt hatten. Ich war ein bisschen enttäuscht. Schließlich interessierte mich vor allem, was wir nun tun wollten und was uns im schlimmsten Fall blühte.

Irgendwann stand Tristan auf und stellte sich vor die Gruppe. »Das Wichtigste ist, dass keiner sagt, wer die Plakate angeschleppt hat. Wir behaupten einfach, das hätten wir gemeinsam getan. So können die uns gar nichts anhaben.«

Ich zog meine Nase kraus. Das war nun der schlaue Plan, der uns alle retten sollte? Ich hatte eher das Gefühl, da wollte jemand seinen Kopf aus der Schlinge ziehen und Schutz in der Masse suchen ... Was war denn mit den deutschen Tugenden Mut, Aufrichtigkeit, Ehrlichkeit, Gewissenhaftigkeit? Gerade von dem, der sie am lautesten predigte, hätte ich doch erwartet, dass er nach ihnen lebte! Warum sagte Tristan nicht einfach, dass er die Plakate besorgt hatte? Das wäre wenigstens ehrlich. Und es würde uns unschuldig Angeklagte entlasten! Schon bei dem Gedanken an die horrenden Anwaltskosten, die ansonsten auf meine Familie und mich zukämen, wurde mir angst und bange. Das konnte Tristan doch nicht zulassen!

Offenbar sah er das anders. Hätte das Treffen nicht so weit von meinem Wohnort entfernt stattgefunden, wäre ich nicht einmal mehr zu ihm ins Auto gestiegen. Ich war total bedient. Was für ein Heuchler!

Zu Hause steuerte ich schnurstracks mein Zimmer an, um mich wieder auf mein Bett zu legen, aber meine Mutter hielt mich auf. »Was ist mit der Entschuldigung?«

»Welche Entschuldigung?«, versuchte ich, mich rauszureden. Ich hatte keine Lust, jetzt auch noch mit meiner Mutter zu diskutieren, mein Tag war auch so schon blöd genug gewesen – ohne weitere Moralpredigten.

Aber meine Mutter ließ nicht locker. »Rufst du an?«

Ich versuchte, mich an ihr vorbeizudrücken.

Sie hielt mich fest. »Timo, rufst du Herrn Schumann an?«

»Ja!«, raunzte ich. »Und jetzt lass mich in Frieden!«

Damit verkrümelte ich mich wieder in mein Bett. Schon bei dem Gedanken an diesen Anruf wurde mir ganz schlecht. Erst gab ich ihm patzige Antworten oder ignorierte ihn komplett – und nun sollte ich bei ihm angekrochen kommen. Wie erbärmlich! Andererseits konnte es vielleicht nicht schaden, sich mal anzuhören, was nun auf mich zukommen würde. Von meinen Kameraden hatte ich diesbezüglich ja leider überhaupt nichts erfahren. Ein ganzes Wochenende hatte ich Zeit, über meinen Anruf nachzudenken. Ich formulierte Hunderte Male im Kopf, was ich zu ihm sagen wollte. *Entschuldigen Sie, dass ich am Durchsuchungstag so patzig zu Ihnen war. Der Schock über die unerwartete*

Durchsuchung saß zu tief ... Bla, bla! Ich wollte mich selbst nicht reden hören. Vor allem wollte ich nicht, dass mich einer meiner Kameraden hörte. Schon alleine bei der Vorstellung wurde mir schlagartig heiß und kalt. Immerhin durfte ich wegen des Anrufs am Montag wieder zu Hause bleiben.

Herr Schumann reagierte total locker. »Kein Problem! Kann ich verstehen«, erwiderte er auf meine Entschuldigung. Aber dann sagte er etwas, womit ich nicht gerechnet hatte. »Darf ich gleich mal bei euch vorbeikommen?«

Da ich noch im »Ich bin jetzt mal freundlich«-Modus war, stotterte ich: »Ähm ... sicher ... Wann denn?«

»Ich fahre gleich los!«, rief er freundlich und legte auf.

Fassungslos starrte ich den Hörer an. Das hatte ich nun davon. So ein Mist! Zum ersten Mal war ich froh, auf dem Dorf zu wohnen. Das erhöhte die Chance, dass niemand etwas von meinem verbotenen Besuch mitbekam. Meine Mutter wurde gleich ganz aufgeregt und wirbelte durch die Küche, um ein wenig aufzuräumen. Sie hatte ja nicht viele Qualitäten. Aber genau zu wissen, wann man aus einer Situation einen persönlichen Vorteil ziehen konnte, gehörte definitiv zu ihren Stärken. Während sie hektisch die Arbeitsplatte wischte, redete sie auf mich ein: »Pass mal auf, Timo. Das ist jetzt deine Chance! Du erzählst dem Schumann, dass du mit dem rechten Zeug aufhören willst. Vielleicht bekommst du dann ein mildes Urteil. Wenn der ganze Mist vorbei ist, kannst du gerne wieder zu Sebastian und deinen anderen Spinnern rennen. Aber bis dahin hältst du die Füße still. Das bedeutet: Auch deinen Geburtstag wirst du diesmal nicht mit diesen Spinnern feiern. Verstanden?«

Fassungslos starrte ich meine Mutter an. Sie hatte wohl vergessen, wer ich war. Ich war nicht so ein kleines Licht. Jemand wie ich konnte nicht einfach untertauchen und dann wieder auf der Bildfläche erscheinen. Ich gehörte zum Führungskader! Da gehört es sich auch, seinen Geburtstag anständig zu feiern.

»Hast du mich verstanden?«, wiederholte meine Mutter noch einmal. Erwartungsvoll sah sie mich an. »Timo?«

»Ja?«

»Machst du, was ich dir gesagt habe?«

Was sollte ich tun? »Ja! Meine Güte!« Was hatte ich denn für eine Wahl?

»Gut!« Mama wirkte zufrieden.

Bis Herr Schumann bei uns eintraf, überlegte ich, wie ich mein Untertauchen Sebastian und Tristan erklären könnte. Am besten sagte ich einfach, dass meine Mutter mir den Kontakt verbot. Immerhin war ich erst sechzehn, minderjährig, und lebte bei ihr – da klang das doch gar nicht so unglaubwürdig.

Und gewissermaßen stimmte es ja sogar. Ich tat nur das, was meine Mutter verlangt hatte. Und dazu gehörte außerdem, höflich zu Herrn Schumann zu sein.

Als er kam, stellte meine Mutter zum Kaffee sogar einen selbst gebackenen Kuchen auf den Tisch. Sie legte sich richtig ins Zeug! Aber auch mir gelang eine

Glanzvorstellung: Ziemlich glaubwürdig versicherte ich Herrn Schumann, dass ich genug von meinen braunen Kameraden hätte und mich künftig von sämtlichen Versammlungen dieser Art fernhalten würde. Ich war der perfekte reuige Sünder und wähnte mich schon auf der sicheren Gewinnerseite ...

Da meinte Herr Schumann, dass es für mich bestimmt von Vorteil wäre, wenn ich in dem folgenden Prozess gegen meine alten Kameraden aussagen würde.

Ich nickte freundlich. Sagte aber weder ja noch nein. Insgeheim dachte ich: »Ich bin doch nicht wahnsinnig!« Da konnte man mal sehen, wie weltfremd diese Staatsschützer waren. Gegen die eigenen Leute auszusagen, kam einem Selbstmord gleich. Danach müsste ich bei jedem Rechten, der mir begegnete, befürchten, dass er unangekündigt auf mich eindrosch – oder Schlimmeres. Nein danke!

Bei der Verabschiedung drückte mir Herr Schumann obendrein noch eine Karte vom staatlichen Aussteigerprogramm in die Hand. Ich nahm sie lächelnd entgegen – mehr aus Höflichkeit als aus echtem Interesse – und schüttelte Herrn Schumanns Hand. Als er endlich aus dem Haus war, lief ich zum Fenster, um mich zu vergewissern, dass er wirklich wegfuhr und ihn auch keiner dabei sah.

Meine Mutter legte ihre Hand auf meine Schulter. »Das ist doch super gelaufen!«

Missmutig sah ich sie an. Wir hatten ganz offensichtlich unterschiedliche Vorstellungen von »super«. Ich fühlte mich gerade wie ein mieser Verräter.

»Und als Nächstes rufst du diese Aussteigerhilfe an.«

Wie bitte? Ich glaubte, mich verhört zu haben, und starrte meine Mutter entsetzt an.

»Natürlich! Das unterstreicht doch deine Glaubwürdigkeit.«

»Genau! Das fehlt mir noch! Mich jetzt auch noch von so einem linken Sozialarbeiter belabern zu lassen.«

Solche Typen waren die wahren Rattenfänger! Sie versuchten, uns mit irgendwelchen weichgespülten Psycho-Sprüchen die Mitglieder auszuspannen.

Meine Mutter rollte genervt mit den Augen. »Hast du Lust auf eine Vorstrafe? Meinst du, dich will dann noch irgendjemand anstellen? Willst du dir deine Zukunft jetzt komplett versauen?«

Ich ärgerte mich. Das sagte ja die Richtige! Meine Mutter hatte schließlich noch nie gearbeitet. Sie hatte nach ihrem Abi gerade mal über eine Lehrstelle in der Bank *nachgedacht,* sich dann aber aus Bequemlichkeit für den Berufszweig »Ehefrau und Mutter« entschieden – mit ständig wechselnden »Arbeitgebern«.

Wütend funkelte ich sie an. »Ich werde immer irgendwo als Dachdecker oder Maurer unterkommen.«

Zur Not würde ich weiter beim Bauern den Stall ausmisten. Für höhere Ziele waren meine Noten ohnehin zu schlecht. Meine Mutter zuckte resigniert mit ihren Schultern und ging kopfschüttelnd zurück in die Küche. Ich stand im Flur und hatte plötzlich das Gefühl, der Boden würde unter mir wanken. Denn auch wenn ich das eben so behauptet hatte: Ich wollte mir überhaupt nicht vorstellen, mein Leben lang auf dem Bau zu rackern, immer schmutzig, immer erschöpft – ich war nicht der Typ für körperliche Arbeit, das war mir viel zu anstrengend. Zugegeben, meine Noten waren schlecht. Aber das hatte nichts mit mangelnder Intelligenz zu tun. Eher mit mangelnder Motivation. »Okay, ich rufe ihn an!«, rief ich deshalb meiner Mutter hinterher, auch wenn ich mir nicht sicher war, ob sie es hörte. Dann würde ich mich eben bei diesem Ausstiegs-Heini melden. Vielleicht konnte mir dieser linke Weltverbesserer ja tatsächlich helfen ...

7

»Bei Timo zu Hause fiel mir im Wohnzimmer sofort eine alte SS-Statue auf, die in der Ecke stand. Offenbar ein Erbstück des Opas. Timos Mutter brachte uns gleich etwas zu trinken ins Zimmer.

Timo selbst unterschied sich auf den ersten Blick von den meisten meiner Klienten. Er schien noch nicht vom Szeneleben verbraucht oder aufgesogen zu sein. Vielen Klienten sieht man das Leben in der Szene an: Hass und Gewalt hinterlassen ihre Spuren, es fräst sich förmlich in ihre Gesichter. Timo hingegen erschien mir offen, sympathisch und intelligent.

Wenn mir die Ausstiegswilligen schon im Erstgespräch erklären, dass sie den Staat hassen und ihre Meinung niemals ändern werden, trotzdem aber versprechen, sich von den alten Kameraden fernzuhalten, wird es schwierig mit dem Ausstieg. Viele scheitern. Aber wenn der Ausstiegswille plausibel ist, ziehen die meisten das durch. Es sei denn, sie werden auch weiterhin als Szeneangehörige gebrandmarkt. Dadurch bleibt ihnen der Wiedereinstieg in die Gesellschaft verwehrt. Das ist dann sehr bedauerlich.«

Oliver – Aussteigerhelfer

Es war genauso, wie ich mir das vorgestellt hatte. Der Mann von der Ausstiegshilfe hieß Oliver – ich durfte ihn natürlich sofort duzen. Außerdem war er – hatte ich es nicht vorhergesagt? – Sozialpädagoge.

»Das ist schön, dass du anrufst!«, gurrte er freundlich in den Hörer.

Spätestens nach diesem Satz hätte ich am liebsten sofort wieder aufgelegt. Aber leider steckte meine Mutter im 30-Sekunden-Takt ihren Kopf durch meine Tür, um zu kontrollieren, ob das Gespräch auch gut verlief. Ich lächelte gequält. Nachdem ich ihm ein bisschen was von mir erzählt hatte, meinte Oliver: »Dann würde ich doch vorschlagen, dass ich dich in der kommenden Woche einmal besuchen komme. Was meinst du?«

»Gerne!«, heuchelte ich und hätte mich dabei am liebsten übergeben. Ich fühlte mich richtig dreckig. Was war ich für ein Kameradenschwein – verbündete mich hinter dem Rücken mit dem Feind! Nicht wie Jochen mit den Linken, mit denen uns wenigstens der Hass auf das System vereinte. Sondern viel schlimmer: mit dem verhassten System selbst!

Meine Kameraden ahnten natürlich nichts davon. Gerade Tristan rief mich ständig an. Vermutlich, um mit mir das weitere Vorgehen zu besprechen und um sich zu vergewissern, dass ich auch schön die Klappe hielt. Allerdings ging ich nicht ran, wenn ich seinen Namen im Display sah. Nie. Ich redete mir ein, dass ich das tat, weil meine Mutter nicht wollte, dass ich mit meinen alten Freunden sprach. Tatsächlich hatte ich ihnen gegenüber ein unglaublich schlechtes Gewissen. Zumindest in den ersten Tagen. Aber dann überlegte ich mir, dass Tristan und Sebastian eigentlich ohnehin keine echten Freunde waren. Sebastian hatte mich ganz schön ausgenutzt. Er hatte sich immer nur gemeldet, wenn er Hilfe in irgendeiner Angelegenheit brauchte, für die er sonst keinen Dummen gefunden hatte. Sebastian war eigentlich nur nett, wenn er etwas von mir wollte. Nicht einmal an meinem siebzehnten Geburtstag hat sich einer von ihnen gemeldet – weder Sebastian noch Tristan. Die kamen nur, wenn es Freibier gab. Das waren doch keine echten Freunde! Sie hatten mich noch nie gefragt, wie es mir eigentlich ging. Oder wie es bei mir zu Hause war. Welche Probleme ich hatte. So eng verbunden wie mit Jochen hatte ich mich nie mit einem von den beiden gefühlt.

Je weniger ich mit meinen alten Leuten zu tun hatte, desto größer wurde mein emotionaler Abstand zu ihnen. Diese ganzen Verschwörungstheorien von Sebastian erschienen mir aus der Distanz noch viel absurder. Und Tristans völkische Tänze kamen mir geradezu lächerlich vor. Ebenso ihr ganzes Gequatsche über Kameradschaft und Zusammenhalt. Wo waren sie denn, wenn man Probleme hatte? Tatsächlich war doch jeder nur mit sich beschäftigt. Jeder von ihnen stammte aus einem schwierigen Elternhaus. Und jeder versuchte, durch diesen ganzen Parteikram endlich mal ein bisschen Beachtung zu bekommen. Anerkennung und Beachtung. Nichts anderes. Deutschland und Politik waren lediglich ihre Vehikel. Genauso gut hätten sie bei Greenpeace landen können oder den Taliban.

Nachdem mir dieser Gedanke zum ersten Mal durch

den Kopf geschossen war, kam mir meine eigene Parteiarbeit plötzlich ebenfalls klein und lächerlich vor. Wer war ich denn? Ein Funktionär ohne Funktion. Und nun sogar noch einer, der sich mit dem vermeintlichen Feind traf.

Als Oliver pünktlich zum verabredeten Termin vor unserer Haustür stand, schlug mein Herz mindestens so heftig wie vor meiner ersten Demo. Überrascht betrachtete ich *meinen* Ausstiegshelfer. Ich hatte einen langhaarigen Hippie mit schlunzigen Bio-Klamotten erwartet. Tatsächlich hatte er eine Glatze und trug ein ordentliches weißes Hemd zur blauen Jeans.

»Hi, ich bin Oliver. Darf ich reinkommen?«

Ich trat beiseite und machte eine einladende Handbewegung. »Bitte!«

Nun gab es für mich kein Zurück mehr. Ich holte noch einmal tief Luft und führte Oliver in mein Zimmer, wo er sich neugierig umsah. Für meinen Besuch hatte ich extra Sebastians Wahlplakate abgenommen, damit mein Ausstiegswunsch auch glaubwürdig rüberkam. Deshalb sah mein Zimmer jetzt eigentlich wie ein ganz normales Jugendzimmer aus – mal abgesehen von den Büchern in meinen Regalen. Abgewetzte Schinken aus den 30ern. Nazi-Literatur.

Oliver setzte sich auf meinen Schreibtischstuhl und lächelte mich an. Ganz offen, ohne Scheu. Obwohl ich für ihn genauso zum Feindbild gehörte wie er für mich, spürte ich keinerlei Ablehnung oder Vorverurteilung. Stattdessen fragte er mich, wann und vor allem wie ich in die Szene gerutscht war.

Ich stockte. Was sollte ich denn sagen? Ich konnte ihm ja schlecht erklären, dass meine Mutter der Auslöser gewesen war. Dann stand demnächst womöglich noch das Jugendamt vor unserer Tür. Schließlich hatte ich noch zwei jüngere Geschwister! Deshalb druckste ich herum: »Das war ... ähm ... über Freunde.«

»Ah, über Freunde. Das ist ja sehr typisch.« Oliver nickte verständnisvoll.

Nervös knetete ich meine Hände.

»Und warum möchtest du nun aussteigen?«

Über diese Antwort musste ich keine einzige Sekunde nachdenken. Ich war selbst erstaunt, wie schnell sie aus mir heraussprudelte: »Weil ich mich schon länger frage, ob dieser ganze Rechtsextremismus das Richtige für mich ist. So tolle Kameraden sind das leider gar nicht. Und wenn man mal genau hinschaut, sind die meisten Parteikader ziemlich gescheiterte Existenzen und ihre Überzeugungen ziemlich lächerlich ...«

Ich zählte Oliver alle Punkte auf, über die ich mir in den vergangenen Wochen Gedanken gemacht hatte. Ich erzählte von der Arroganz der Völkischen Nationalisten. Von diesen ständigen Widersprüchen, ob es den Holocaust überhaupt gegeben hätte oder ob zu wenige Juden vergast wurden. Von den zu ehrenden Müttern, die von ihren Nazi-Männern geschlagen wurden. Und davon, dass es mir eigentlich immer nur darum gegangen war, endlich einmal etwas Besonderes zu sein ...

Der Ausstiegshelfer nickte und sah mich aufmerksam an. So wie Jochen es früher immer getan hatte. Das fühlte sich gut an. Endlich war da mal wieder jemand, der mir wirklich zuhörte. Der mich ernst nahm. Der sich für das interessierte, was ich dachte, was ich fühlte, der sich für Timo interessierte und nicht nur für meine braune Fassade und die auswendig gelernten Polit-Floskeln.

Als Oliver sich nach drei Stunden von mir verabschiedete, war ich beinahe traurig, dass er ging. Ich fühlte mich wie befreit. Als hätte ich eine tonnenschwere Last abgeladen.

»Wir treffen uns dann in zwei Wochen wieder. Okay? Bis dahin kannst du dir noch einmal Gedanken darüber machen, ob du diesen Schritt auch wirklich gehen willst.«

Ich presste meine Lippen aufeinander und nickte. Sobald die Tür hinter Oliver ins Schloss fiel, fühlte ich mich alleine. Alleine in meiner Familie. Alleine in meiner Welt.

Kurz hatte ich den Impuls, Ralf anzurufen und ihn zu fragen, ob wir uns im Gartenhaus auf ein Bier treffen wollten. Nur um diese Leere zu füllen. Aber dann entschied ich mich dagegen. Weil ich das Gefühl hatte, dass es tatsächlich eine schlaue Idee war, in den kommenden zwei Wochen einmal darüber nachzudenken, was ich nun tun wollte. Plötzlich fühlten sich diese zwei Wochen wie eine Riesenchance an. Die Chance, ein neues Leben zu beginnen. Natürlich würde das bedeuten, dass ich mit all meinen Kameraden brechen müsste. Wobei ich mich lediglich vor ihrer Rache fürchten würde. Wirklich fehlen würde mir – vielleicht mit Ausnahme von Ralf – keiner von ihnen ... Ganz im

Gegenteil. Wenn ich mir vorstellte, nicht mehr Teil ihrer Politshow zu sein, fühlte ich mich beinahe wie befreit. Ich könnte mir endlich einmal selbst Gedanken darüber machen, wie ich die Welt sah. Das hatte ich mir seit Jahren nicht erlaubt. Erst jetzt, durch das Gespräch mit Oliver, hatte ich gemerkt, wie gut sich das anfühlte. Ich hatte das Gefühl, dass endlich wieder Leben in mich kam. Buntes, fröhliches Leben. Ich begann wieder, mit meinen Geschwistern zu spielen. Ich half Christian bei seinen Hausaufgaben. Ich wurde wieder weicher. Echter. Timo.

Manchmal hatte ich aber auch totale Durchhänger. Dann lag ich abends im Bett und fragte mich, wer dieser Timo überhaupt war. Bislang war er Führungskader in der rechten Szene. Aber was war er, wenn das wegfiel? Ein Schulversager ohne Freunde und mit Hartz-IV-Familie. Bei diesem Gedanken raubte mir die einsetzende Panik beinahe den Atem – sie schien sich um meinen Hals zu wickeln und zuzudrücken wie eine Würgeschlange. So ein Timo wollte ich nicht sein! Ich hasste diesen Timo.

Deshalb fragte ich mich, was dieser Timo anders machen könnte. Er könnte beispielsweise wieder anfangen, für die Schule zu lernen. Er könnte aufhören, permanent die Lehrer zu provozieren. Er könnte wieder bessere Noten schreiben. Vielleicht nach der Realschule ein Gymnasium besuchen und doch noch das Abitur schaffen. Danach könnte er studieren. Sich einen Job suchen, der ihm Spaß machte. Er könnte Mädchen kennenlernen. Heiraten. Kinder kriegen. Endlich ein freies

Leben führen. So aussichtslos war meine Situation gar nicht. *Noch* war alles möglich. Noch!

Als Oliver zwei Wochen später zu einem zweiten Gespräch kam, freute ich mich beinahe auf ihn. Diesmal sprachen wir über meine Gesinnung, über das Dritte Reich.

»Hitler hatte gar keine andere Wahl«, erklärte ich Oliver – gelernt ist gelernt. »Die Judenverfolgung war nötig, um unser Volk von der Fremdherrschaft zu befreien. Die Juden hatten schon die Wirtschaftskrise in den 20er-Jahren verursacht. Er musste sie ja internieren.«

Nun war ich es gewohnt, dass meine Gesprächspartner zornig wurden. Mich beschimpften. Oder einfach stehen ließen. Oliver sagte bloß: »Ja, aber nun stell dir mal vor, Albert Einstein wäre nicht rechtzeitig nach Amerika ausgewandert. Und er wäre ebenfalls den Nazis zum Opfer gefallen. Wie viel Wissen wäre mit ihm gestorben? Auf welchem Stand wäre die Wissenschaft ohne ihn?«

Diesem Argument hatte ich nichts entgegenzusetzen.

Oliver lächelte: »Meinst du wirklich, nur Arier konnten denken? Albert Einstein war doch das beste Beispiel dafür, dass es Juden genauso gut konnten. Manchmal sogar besser. Sigmund Freud zum Beispiel war ebenfalls Jude.«

In mir arbeitete es. »Aber vielleicht waren das ja einfach Ausnahmen.«

»Ausnahmen?« Oliver schüttelte den Kopf. »Ausnahmen von was? Was genau soll eine Menschenrasse überhaupt sein? Früher zogen die Menschen umher.

Da hat ganz selbstverständlich eine Vermischung aller Völker stattgefunden.«

Damit bestätigte er mein Gefühl, das ich schon auf der Weihnachtsfeier bei diesem Lehrgang zu den »weltanschaulichen Grundlagen der Nationalen Gesellschaft« gehabt hatte. Es war okay, wenn ich bei einem Mädchen, das ich gerade kennenlernte, nicht merkte, ob es wirklich reinrassig war. Denn: Reinrassig gab es gar nicht! Hatte es noch nie gegeben. Das war ein Gespinst. Ein Hirngespinst von Männern, die seit mindestens fünfzig Jahren tot waren.

Ich genoss es, endlich mal eine andere Sicht auf die Dinge zu hören. Eine, die sich erstaunlicherweise richtig anfühlte. Es stimmte doch: Wir Arier hatten ja nicht über Jahrtausende auf einer abgeschiedenen Insel gelebt. Wir waren schon immer Teil dieser Welt. Einer bunten, bewegten Welt. Das, worauf ich immer so stolz gewesen war, gab es gar nicht. Es war ein Trugschluss. Ein Trost. Wenn ich schon sonst nichts war im Leben, so war ich wenigstens Deutscher. Aber war es nicht viel befriedigender, selbst etwas zu leisten? Sich selbst etwas aufzubauen, worauf man stolz sein konnte. Das war natürlich anstrengender. Und nicht jedem würde es gelingen. Aber ich wusste, dass ich es schaffen könnte.

Für viele Kaderpersönlichkeiten war Nazi zu werden die einzige Chance, ihrer Bedeutungslosigkeit zu entkommen. Aber das hatte ich gar nicht nötig. Ich war nicht blöd. Das hatte ich mir mehrfach bewiesen. Und ich konnte ehrgeizig sein, wenn ich mir etwas in den Kopf gesetzt hatte. Ich würde es auch alleine zu etwas bringen. Deshalb festigte sich in mir allmählich der Wunsch, tatsächlich auszusteigen. Nicht nur offiziell – für ein geringeres Strafmaß. Ich träumte plötzlich wirklich davon, ein neues Leben zu beginnen. Oliver hatte letztlich nur das bestätigt, was ich schon lange gespürt, mir aber nicht hatte eingestehen wollen: Ich war kein Neonazi.

Die Erste – nach Oliver –, die meinen Wandel wahrnahm, war meine Geschichtslehrerin. Ich hatte sie in den vergangenen Stunden komplett in Ruhe gelassen und mich sogar einige Male im Unterricht gemeldet. Als ich auf dem Weg zum Pausenhof ihren Weg kreuzte, fragte sie – getarnt als spitze Bemerkung: »Sagen Sie mal, Timo, was ist denn plötzlich mit Ihnen los? Sie sind ja so friedlich.«

Erleichtert, dass endlich mal jemand meine Veränderung bemerkte, sagte ich übermütig: »Ich bin aus der Szene ausgestiegen.«

Verblüfft sah sie mich an. »Ist das Ihr Ernst?«

»Ja«, erklärte ich mit fester Stimme. Denn ich spürte in diesem Moment genau, dass ich das wirklich wollte.

Nun strahlte meine Lehrerin. Von einem Ohr zum anderen. Lehrer kommen einem ja manchmal wie Funktionen auf zwei Beinen vor. Plötzlich war sie ganz Mensch. »Timo, das freut mich«, sagte sie überschwänglich. »Dann wünsche ich Ihnen viel Glück.« Fehlte nur noch, dass sie mich umarmte. Ich wollte gerade weitergehen, da hielt sie mich am Arm fest. »Wollen Sie Ihre Entscheidung nicht auch der Klasse kundtun?«

Ich zog meine Augenbrauen hoch. »Meinen Sie?«

»Ja, ich halte das für eine sehr gute Idee.«

Unsicher wackelte ich mit dem Kopf. Da meine alten Kameraden noch nichts von meinen Ausstiegsplänen wussten, fand ich es einigermaßen heikel, sie bereits in der Klasse zu verkünden. Außerdem hatte ich Angst, wie meine Mitschüler reagieren könnten. Vielleicht würden sie mich auslachen? Mich mit meiner alten Gesinnung aufziehen?

Meine Lehrerin klopfte mir auf die Schulter. »Die Klasse wird begeistert sein!«

Um meinen Ausstieg zu besprechen, opferte meine Lehrerin die komplette folgende Geschichtsstunde. Sie stellte sich zusammen mit mir an die Tafel und verkündete geradezu feierlich: »Timo ist aus der rechten Szene ausgestiegen.«

Irritiert sahen sich meine Klassenkameraden an. Sie fragten sich wohl, ob das ein Scherz sei. Zumal ich noch immer im Thor-Steinar-Pulli vor ihnen stand. »Frau Holtmann hat recht. Ich bin nicht mehr dabei«, bestätigte ich deshalb.

Nun meldete sich Anna. Meine Mitschülerin mit der Hühnerfarm. »Und warum?«

Ich fing an zu erzählen. Dann kam eine neue Frage. Ich antwortete. Am Ende der Stunde umringten mich die meisten meiner Mitschüler. Sie wollten noch mehr wissen. Zum ersten Mal betrachteten sie mich nicht wie einen Außerirdischen, dem man besser aus dem Weg ging, weil man nie so genau wusste, ob er nicht doch zuschnappen würde. Zum ersten Mal behandelten sie mich wie einen Mitschüler. Wie einen 17-jährigen Jungen. Wie einen von ihnen. Und deshalb spürte ich zum ersten Mal so etwas wie Stolz auf meine Entscheidung. Ich war erleichtert, dass keiner mich verurteilte. Stattdessen begegneten mir meine Klassenkameraden lediglich mit Neugier – aber mit offenen Armen. Das empfand ich wie ein Geschenk.

Gleichzeitig jagte mir diese erste Öffentlichmachung auch Angst ein. Jetzt war es raus. Jetzt gab es kein Zurück mehr. Dabei verspürte ich, gerade wenn ich mich einsam fühlte, durchaus mal das Bedürfnis, meine alten Kameraden anzurufen. Ein Anruf würde genügen – und ich wäre wieder mittendrin. Um mich selbst vor einem Rückfall zu schützen, überlegte ich, wie ich meinen Ausstieg »fest« machen könnte, und mir kam eine ziemlich verrückte Idee: Ich bot unserer Lokalzeitung ein Interview mit mir an. Ein Interview mit einem Nazi-Aussteiger.

Meine Mutter dachte erst, sie hätte sich verhört, als ich ihr das vorschlug. »Aber was meinst du denn, was deine Kameraden dazu sagen?«

Ich zuckte mit den Schultern. Darüber wollte ich lieber gar nicht nachdenken. Im besten Fall würden sie mich nur beschimpfen. Im schlimmsten Fall würden sie morgen Abend vor meiner Tür stehen ...

Ich beruhigte meine Mutter, indem ich vorschob, dass so ein Artikel natürlich super beim Richter ankäme. Sie glaubte noch immer, es ginge mir lediglich darum, eine Strafe abzuwenden. Deshalb stimmte meine Mutter schließlich zu. Allerdings unter der Voraussetzung, dass sie mich begleiten durfte. Das war mir zwar nicht recht. Aber wehren konnte ich mich auch nicht dagegen. Schließlich war ich erst siebzehn, also noch nicht volljährig ...

Deshalb saß ich ein paar Tage später im Büro des Lokalredakteurs und musste zerknirscht nicken, wenn meine Mutter berichtete, wie verzweifelt sie dabei zusehen musste, wie ihr großer Sohn in den Rechtsextremismus abgerutscht war. Der Redakteur guckte ganz betroffen. »Das kann ich mir vorstellen, wie schlimm das für eine Mutter sein muss.«

Am liebsten wäre ich aufgesprungen und hätte ihm erzählt, dass ich nie in diesen Teufelskreis geraten wäre, wenn meine Mutter mich nicht sogar dazu ermutigt hätte. Stattdessen biss ich mir auf die Lippe und schluckte meinen Ärger runter. Schließlich hatte ich auch so schon genug Ärger am Hals – spätestens nach dieser Veröffentlichung ...

Nur wenige Stunden, nachdem die Zeitung rauskam, erhielt ich die ersten E-Mails.

»Du Scheiß-Verräter!«

»Früher hat man Leute wie dich erschossen.«

»Pass auf, dass wir dich nicht erwischen!«

Wenn ich aus dem Fenster sah, standen plötzlich Autos vor der Tür, in denen dunkle Gestalten saßen. Außerdem fuhren Wagen extralangsam an unserem Haus vorbei.

Alle schienen nur darauf zu warten, mich zu erwischen. Wobei meine größte Angst war, dass sie mir ein Rollkommando schickten. Brutale Typen, die dann eventuell auch nicht davor zurückschreckten, meinen kleinen Geschwistern etwas anzutun.

Ich war permanent nervös. Wenn ein Auto neben mir hielt. Wenn es im Gebüsch raschelte. Wenn Männer mit Kapuzen vor dem Schultor warteten. Jedes Mal hatte ich das Gefühl, meine Eingeweide würden einen Stromschlag bekommen. Ich stand unter Daueranspannung und wartete nur darauf, dass meine alten Kameraden mich krankenhausreif schlagen würden. In geduckter Haltung schlich ich durch Seiten- oder Hintereingänge. Ging extra früher oder sehr viel später aus dem Haus oder dem Unterricht – meine Lehrer waren ja eingeweiht. Plötzlich gehörte ich, Timo, zur ungewollten Minderheit. Ich war der Jude. Der Bastard. Der Feind, den es zu eliminieren galt. Am liebsten wäre ich auf der Stelle untergetaucht. Oli hätte mich dabei unterstützt. Aber irgendwie hatte ich Hemmungen, meine Geschwister alleine bei meiner Mutter lassen. Denn die war nun einmal unberechenbar. Andererseits: Was war nun schlimmer? Ein Rollkommando oder meiner Mutter ausgeliefert zu sein?

Ich hatte ihr noch nicht gebeichtet, dass ich inzwischen nicht mehr nur für die Gerichtsverhandlung aussteigen wollte, sondern dass ich tatsächlich den Mut für diesen Schritt gefasst hatte. Es war absurd. Aber es fiel mir sehr viel leichter, bei meinen alten Kameraden meinen Ausstieg öffentlich zu machen als bei meiner Mutter. Seit dem Zeitungsartikel tigerte ich um sie herum. Mehrmals hatte ich versucht, unser Gespräch in diese Richtung zu lenken, aber jedes Mal gekniffen. Jetzt saß sie alleine draußen auf der Terrasse und rauchte. »Der perfekte Moment!«, dachte ich und ging ebenfalls raus, um mich neben sie zu setzen.

»Zigarette?« Sie hielt mir ihre Schachtel hin.

»Gerne.« Das fing ja schon mal gut an. »Oli meint, dass ich zu dem Mist stehen soll, den ich gemacht habe. Vielleicht wäre es sogar strafmildernd, wenn ich dem Richter alles erkläre und meinen Ausstieg glaubwürdig rüberbringe, sagt Oli.«

»Ach, der Oli.« Meine Mutter zog ihre Augenbrauen hoch und mein Herz klopfte sofort drei Takte schneller. Meine Mutter war wohl schon wieder genervt, dass ich zu einer anderen Person als zu ihr aufsah.

Dann lenkte sie aber wieder ein: »Ich finde es eh unmöglich von deinen Kameraden, dass sie dich so hängen lassen.«

Das Gespräch nahm den gewünschten Verlauf. »Ja, das finde ich auch. Was sind denn das für Kameraden?«, schimpfte ich.

Meine Mutter nickte und nahm einen tiefen Zug aus ihrer Zigarette. Den Qualm stieß sie in dicken Ringen aus ihrem Mund aus, wie ich es als Kind immer so toll gefunden hatte.

In einem möglichst belanglosen Plauderton erklärte ich: »Weißt du, eigentlich habe ich gar keine Lust mehr auf die Truppe.«

Nun setzte meine Mutter sich aufrecht hin und sah mich misstrauisch an. »Ach ja?«

Ich musste all meinen Mut zusammennehmen, um weiterzusprechen. »Ich will mit dem ganzen rechten

Blödsinn aufhören.« Dabei sah ich ihr nun fest in die Augen.

Das Gesicht meiner Mutter wurde hart. »Wie kommt das denn auf einmal? Vor ein paar Wochen hast du hier doch noch deine Reden geschwungen.«

»Ja, ich weiß. Aber ich will mir damit nicht mein ganzes Leben kaputt machen.«

»Dein Oliver hat dir also doch eine Gehirnwäsche verpasst!«

Nun sah ich sie überrascht an. »Hä? Wie kommst du denn darauf?«

Meine Mutter knallte ihre Hand auf den Tisch. »Ach, hör doch auf! Du hast dich von dem Typ belabern lassen. Ein richtiger Wendehals bist du. Erst der große Nazi, und wenn's ungemütlich wird, ziehst du den Schwanz ein.«

Bei jedem ihrer Worte duckte ich mich, als wären es Schläge. Entgegnen konnte ich nichts. Die Panik hatte sich schon wieder um meinen Hals gelegt und schnürte mir die Luft ab. Was sollte das? Sie selbst hatte mir doch geraten, kooperativ zu sein. Und nun beschimpfte sie mich schon wieder! Um ihrer Enttäuschung noch mehr Ausdruck zu verleihen, schlug sich meine Mutter mit der flachen Hand gegen die Stirn. Allmählich wurde ich sauer. »Du hast mir doch oft genug gesagt, dass ich mich von diesen Typen fernhalten soll!«

Erst war ich ihr zu viel Nazi, jetzt zu wenig. Ich konnte es meiner Mutter nicht recht machen. Niemals. Deshalb stand ich auf, drückte meine Zigarette aus und verkroch mich wieder in meinem Zimmer. Am liebsten hätte ich laut Musik gehört. Aber alles, was ich hatte, war rechter Hassgesang. Anrufen konnte ich auch keinen. Außer Oli. Aber dann hätte ich ihm das von meiner Mutter erzählen müssen ... Und vor der Tür stand schon wieder ein Auto, das ich nicht kannte, mit zwei dunkel gekleideten Typen drin ... Frustriert setzte ich mich an meinen Schreibtisch und machte Hausaufgaben. Überhaupt verbrachte ich ziemlich viel Zeit mit Hausaufgaben – wenn ich nicht mit meinen Geschwistern Autos, Puppen oder Mensch-ärgere-dich-nicht spielte. Viel mehr Beschäftigungsmöglichkeiten hatte ich ja nicht, seit ich mich nicht mehr vor die Tür traute.

Am nächsten Tag rief meine Mutter mich mit einem freundlichen »Timo, kommst du mal?« auf die Terrasse.

»Ja?«

»Ich wollte fragen, ob du eine mit mir rauchen magst. Du hockst ja nur noch in deinem Zimmer.«

Dankbar lächelte ich sie an. Das war das erste nette Entgegenkommen seit unserem Gespräch. Entspannt saßen wir nebeneinander in der Sonne. Meine sechsjährige Schwester malte gerade ein Bild mit einer Schmetterlingswiese. Mein kleiner Bruder spielte mit ein paar Jungs aus der Nachbarschaft vorne auf der Straße Fußball. Da forderte meine Mutter Vanessa plötzlich auf: »Zeig doch mal dem Timo, was wir zusammen geübt haben.«

Meine Schwester sprang auf, strahlte mich an, hob zackig ihre rechte Hand zum Hitlergruß und marschierte so quer über die Wiese. Sofort war mein Mund staubtrocken. Das Nikotin brannte in meiner Lunge. Entsetzt sah ich meine Mutter an. Warum zog sie Vanessa da rein? Würde sie meine Schwester irgendwann ebenfalls in die Szene drängen? »Was soll denn das?«, blaffte ich sie an.

Aber meine Mutter lachte bloß. »Du bist so ein Wendehals!«

Wortlos stand ich auf und ging rein, während meine Mutter meine Schwester überschwänglich lobte: »Das hast du toll gemacht, Vanessa!«

Reine Provokation. Meine Mutter wollte mich nur reizen. Auch sie war keine Rechte. Nicht wirklich. Sie war lediglich eine Provokateurin. Deshalb nervte es sie wahrscheinlich, dass ihr Sohn nun ins System einschwenkte. Offenbar ging es ihr nur darum anzuecken. Zumindest ein bisschen. Nicht so viel, dass es womöglich Ärger gab. Deshalb war sie ein bisschen Skinhead gewesen. Aber keine echte Nazi-Braut.

Ganz ehrlich: Ich hatte keine Lust mehr auf ihre Spielchen.

Resigniert schüttelte ich den Kopf. Ich hatte es satt, immer wieder gegen eine Wand zu rennen. Immer wieder kleingemacht und beschimpft zu werden. Um die Liebe einer Person zu buhlen, die überhaupt keine Liebe geben wollte. Zum ersten Mal betrachtete ich meine Mutter voller Ekel. Diese Frau, die selbst nichts auf die Reihe bekommen hatte und trotzdem so hart über andere urteilte. Diese Mutter, der nichts näher war als ihre eigenen Interessen. Ich wollte mich ihr nicht länger aussetzen – auch wenn das bedeutete, dass ich meine Geschwister im Stich lassen müsste. Ich wollte weg von ihr. Ich musste weg von ihr. Ich wollte endlich ein neues Leben starten. Weit weg von ihr und meiner braunen Vergangenheit. Ich hatte es satt, mich nicht vor die Tür zu trauen und bei jedem nicht vermeidbaren Supermarktbesuch mehr Adrenalin auszuschütten als bei einer Achterbahnfahrt. Ich wollte unbeschwert durch eine Innenstadt bummeln. Mich ins Café setzen. Ich wollte normal leben. Ich war siebzehn. Ich wollte frei sein.

Deshalb weihte ich Oli in meinen Plan ein. Dabei erzählte ich ihm erstmalig auch von meiner Mutter. Er war mehr als überrascht – zumal meine Mutter sich ja wirklich als fürsorglich-besorgte Übermutter dargestellt hatte.

»So eine Geschichte habe ich noch nie gehört!«, sagte er immer wieder. Aber er versprach, mich bei allem zu unterstützen. Sofort nahm er Kontakt zu dem Direktor eines weit entfernt gelegenen Gymnasiums (!) auf – in einer großen Stadt, in der ich niemanden kannte und noch viel besser: in der *mich* niemand kannte. Oli begleitete mich zu Behördenterminen und half mir beim Ausfüllen von Anträgen. Ich bekam von seiner Aussteigerhilfe sogar Geld, um mir neue Klamotten zu kaufen, damit ich endlich meine Braunhemden und Thor-Steinar-Sachen in der Altkleidersammlung versenken konnte. Während ich sie in den Container presste, stellte ich mir vor, dass sie womöglich bei irgendwelchen Flüchtlingen landen könnten. Eine Vorstellung, die mich irgendwie erheiterte. Warum sollten bestimmte Marken nur von bestimmten Personen getragen werden? Es war alles für alle da! Endlich konnte ich Jeans tragen! Zum ersten Mal sah ich aus wie ein ganz normaler Teenager. Und ich fühlte mich auch so – unbeschwert und glücklich. Ich freute mich auf meine gemütliche Wohnung, die ich zusammen mit Oli in einem netten Studentenviertel gefunden hatte und die ich in einem Monat beziehen würde, sobald sie frei war. Vier Wochen musste ich noch überstehen! Ich suchte mir ein paar neue Möbel aus, weil meine Mutter darauf bestand, dass ich nichts mitnehmen durfte. Zwar hatte sie gleichgültig reagiert und sofort zugestimmt, als ich ihr sagte, dass ich ausziehen wollte. Aber ich merkte, dass sie sich darüber ärgerte. Einer weniger, den sie runtermachen konnte. Auch okay. Schließlich hatte ich mir fest vorgenommen, all den Dreck meiner Vergangenheit hinter mir zu lassen.

Deshalb zuckte ich erschreckt zusammen, als mich mitten in meinem Umzug meine Vergangenheit gleich zwei Mal hintereinander überraschend einholte. Inmitten meiner Mails entdeckte ich eine Nachricht von Jochen. Von meinem besten Freund, den ich so schändlich hatte fallen lassen, um »Karriere« zu machen. Er schrieb: »Hallo, Timo, wir haben lange nichts voneinander gehört. Das heißt, gehört habe ich schon von dir. Ich wollte dir nur sagen: Ich kann deinen Schritt gut verstehen. Rainer tobt, dass er dich einen Kopf kürzer macht, wenn er dich erwischt. Pass also gut auf dich auf! Ich würde mich freuen, wenn wir uns mal wieder treffen und reden würden. Jochen.«

Fassungslos starrte ich auf seine Mail. Ich las sie noch einmal. Hörte seine Stimme diesen Text sprechen und sofort fühlte es sich an, wie bei Sonnenschein auf einer Bank zu sitzen – neben sich den besten Freund, den man sich wünschen konnte. Ein Teil von mir freute sich riesig, dass er sich gemeldet hatte. Aber der andere schrie: *Vorsicht! Er hat anscheinend Kontakt zu Rainer! Oder zumindest zu irgendjemandem aus der Szene. Vorsicht! Du hast ihn damals hängen lassen! Vorsicht! Das könnte eine Falle sein!* Und dieser ängstliche Teil brüllte so laut, dass er den anderen, den wohligen Teil, einfach übertönte. Ohne darüber nachzudenken, löschte ich Jochens Mail und anschließend auch gleich den Papierkorb meines Rechners – damit ich in einem schwachen Moment bloß nicht auf die dumme Idee käme, ihm doch noch zu antworten. Ich hatte endlich die Chance auf einen Neustart. Den wollte ich mir auf keinen Fall versauen.

Trotzdem ging mir Jochens Mail nicht mehr aus dem Kopf. Ich wollte ihm gerne erzählen, dass ich kurz davor stand, ein neues Leben zu beginnen. Ich wollte ihm gerne Bilder von meiner kleinen Wohnung zeigen – gar nicht weit von dem breiten Fluss entfernt, an dem ich mit ihm so gerne gesessen hatte. Deshalb begann ich, im Internet nach Jochen zu suchen. In dem Forum, in dem man noch immer heftig darüber diskutierte, wie man mich endlich erwischen könnte, entdeckte ich eine Nachricht, die sich anfühlte wie ein direkter Bombeneinschlag: Ein alter Wegbegleiter hatte sich das Leben genommen. Es war Jochen. Er hatte sich – genau wie seine Mutter – erschossen. Kurz nachdem er sich bei mir gemeldet hatte. Taub starrte ich auf diesen Eintrag.

Tränen schwemmten in meine Augen. Für einen kleinen Moment fühlte es sich an, als hätte die Welt um mich herum aufgehört zu existieren. Ich war alleine nur mit diesem Satz und der Erkenntnis: Mein Freund war tot.

Ich fühlte mich schrecklich. Plötzlich war ich mir sicher, dass Jochen sich aus ehrlichen Beweggründen mit mir hatte treffen wollen. Aber ich hatte mich nicht getraut. Ich hatte ihn hängen lassen. Schon wieder. Einen der Menschen, die mir am meisten am Herzen gelegen hatten.

Kurz darauf schlug das Schicksal ein zweites Mal zu. Meine Mutter saß in letzter Zeit rund um die Uhr vor dem Rechner. Ihre Nächte hatte sie schon länger nicht mehr bei Robert im Schlafzimmer, sondern auf unserem Sofa verbracht. Dieses Verhalten kam mir mehr als bekannt vor. Ich spürte, dass meine Mutter mal wieder im Begriff war, unsere Familie zu zerstören. Die Zeichen waren eindeutig: Sie hatte einen neuen Freund.

Als ich sie vorsichtig darauf ansprach, rastete sie sofort aus: »Du hast mir überhaupt nicht zu sagen, wie ich mein Leben gestalten soll. Ich hätte dich damals abtreiben sollen! Du hast mein ganzes Leben zerstört. Ich will, dass du endlich verschwindest.« Dann rannte sie in mein Zimmer und warf alles aus dem Fenster, was sie greifen konnte.

Entsetzt stand ich daneben. »Tickst du noch richtig? Was soll das?«

»Ich hätte dich niemals kriegen sollen. Verschwinde!« Meine Mutter war völlig außer sich.

In ihrem Beisein packte ich meinen Rucksack mit allem, was mir wichtig erschien. Dann ging ich. Obwohl ich nicht wusste, wo ich schlafen oder was ich essen sollte, fühlte ich mich wie befreit, sobald die Tür hinter mir ins Schloss fiel. Ich rief einen Klassenkameraden an, dessen Eltern mich freundlicherweise sofort aufnahmen. Zumindest für den einen Monat, bis ich in meine neue Wohnung ziehen konnte. In meiner neuen Stadt. In meinem neuen Leben – in dem keiner wissen soll, wer ich war, aber alle wissen sollen, wer ich wirklich bin.

Mein neues Leben

»Nicht jede Ausstiegsbegleitung führt zu dem gewünschten Erfolg. Bis zu ein Viertel von ihnen wird vorzeitig beendet. Das bedeutet aber nicht zwingend, dass die betreffenden Personen wieder in die rechtsextrem orientierte Szene zurückkehren.

Ausstiegsbegleitungen scheitern in der Regel vielmehr an sozialen Problemlagen: Suchterkrankungen, problembehaftete soziale Umfelder, nachlassender Veränderungswille und Schwierigkeiten bei der gesellschaftlichen Wiedereingliederung sind die häufigsten Gründe.

Denn: Wer möchte einen ehemaligen Rechtsextremisten als Klassenkameraden haben, wer einen als Mieter, Angestellten oder Nachbarn? Manchmal scheitern Ausstiegsbegleitungen, weil Klienten keinen Platz in der Gesellschaft finden – und Rechtsextremisten die Einzigen sind, die sie (wieder) aufnehmen.«

Stefan Saß – Ausstiegsbegleiter, AussteigerhilfeRechts

Wenige Wochen nach meinem Auszug setzte sich meine Mutter zu ihrer Jugendliebe ins Ausland ab. Ohne sich noch einmal umzuschauen. Ohne auch nur einen Gedanken daran zu verschwenden, was aus ihren Kindern wurde. So war sie. Meine Mutter.

Bis heute hat sie sich nie wieder gemeldet – soweit ich weiß, auch bei keinem meiner Geschwister. Dieser

Gedanke schmerzt mich noch immer, auch wenn es mir inzwischen besser gelingt, ihn anzunehmen. Meine Mutter ist eben ein Mensch, der ich niemals sein möchte. Kaltherzig. Unreflektiert. Verantwortungslos.

Nachdem meine Mutter verschwunden war, habe ich überlegt, Kontakt zu meinem leiblichen Vater aufzunehmen. Aber das ist natürlich schwierig nach all den Jahren. Er ist zwar mein Erzeuger, aber sonst verbindet uns nichts. Manchmal fühle ich mich deshalb ziemlich einsam in der Welt. Eigentlich sind mir aus meinem alten Leben nur meine Geschwister geblieben. Von Stefan höre ich nur sehr selten, aber zu Christian und Vanessa habe ich ein enges Verhältnis und freue mich, dass sie es heute schaffen, selbstbewusst und erfolgreich ihr Leben zu meistern.

Jochen fehlt mir noch immer beinahe jeden Tag. Ich frage mich oft, was er zu meinen Entscheidungen sagen würde, die ich heute treffe, und überlege, wie schön es wäre, wenn wir gemeinsam an dem großen Fluss sitzen und darüber reden könnten, wie wir die Welt sehen.

Sie ist so viel bunter, reicher und großzügiger geworden.

Oliver steht mir noch immer zur Seite. Und natürlich meine Freundin, der es egal ist, in welcher Szene ich unterwegs war. Sie nimmt mich so an, wie ich bin.

Als Timo.

Endlich.

Wichtige Infos und Adressen

Im Folgenden findet sich eine nach (Bundes-)Ländern sortierte Auflistung von Angeboten zur Prävention von Rechtsextremismus, der mobilen Beratung gegen Rechtsextremismus, Beratung für Betroffene rechter, rassistischer und antisemitischer Gewalt sowie der Distanzierungs- und Ausstiegsberatung:

Bund

- *Bundesprogramm »Demokratie leben!«:*
  Auf kommunaler, Landes- und Bundesebene werden eine Vielzahl von Kontaktadressen, Koordinierungsstellen, Projekten und lokalen Partnerschaften, die für Beratung, Information, Projektförderung etc. zur Verfügung stehen, gefördert.
  www.demokratie-leben.de
- *Mobile Beratung:*
  Der Bundesverband vertritt die Interessen der Mobilen Beratungsteams und Beraterinnen und Berater, die sich den gemeinsamen Standards und Zielen verpflichtet fühlen.
  www.bundesverband-mobile-beratung.de
- *Opferberatung:*
  Der Bundesverband vertritt die Interessen der Opferberatungen der Länder, die sich den gemeinsamen Standards und Zielen verpflichtet fühlen.
  www.verband-brg.de

- *Distanzierungs- und Ausstiegsberatung:*
  Aussteigerprogramm für Rechtsextremisten beim
  Bundesamt für Verfassungsschutz
  www.verfassungsschutz.de/de/arbeitsfelder/af-rechts
  extremismus/aussteigerprogramm-rechtsextremismus
  Die Bundesarbeitsgemeinschaft »Ausstieg zum Einstieg« vertritt die zivilgesellschaftlichen Ausstiegs-
  programme (fast) aller Bundesländer.
  www.ausstiegzumeinstieg.de
  Exit Deutschland
  www.exit-deutschland.de

Baden-Württemberg

- *Demokratiezentrum:*
  Landeskoordinierungsstelle kompetent vor
  Ort – Beratungsnetzwerke gegen Rechtsextremismus
  www.demokratiezentrum-bw.de
- *Mobiles Beratungsteam:*
  Beratungsnetzwerk »kompetent vor Ort«
  www.demokratiezentrum-bw.de/angebote-
  beratung/beratung-gegen-rechtsextremismus
- *Opferberatung:*
  Beratungsnetzwerk »kompetent vor Ort«
  www.demokratiezentrum-bw.de/angebote-
  beratung/opferberatung
- *Distanzierungs- und Ausstiegsberatung:*
  Beratungsnetzwerk »kompetent vor Ort«
  www.demokratiezentrum-bw.de/angebote-
  beratung/extremismusdistanzierung
  Kompetenzzentrum zur Koordinierung des Prä-

ventionsnetzwerks gegen Extremismus in Baden-Württemberg
www.kpebw.de

Bayern

- *Demokratiezentrum:*
  Landeskoordinierungsstelle Bayern gegen Rechtsextremismus
  www.lks-bayern.de
- *Mobiles Beratungsteam:*
  Regionale Beratungsteams
  www.lks-bayern.de/Angebot/Kommunalberatung
- *Opferberatung:*
  Landeskoordinierungsstelle »Demokratie leben!«
  www.lks-bayern.de/Angebot/Opferberatung
- *Distanzierungs- und Ausstiegsberatung:*
  Aussteigerhilfe Bayern
  www.aussteigerhilfe.de
  Bayrische Informationsstelle gegen Extremismus –
  Bayerisches Aussteigerprogramm
  www.bayern-gegen-rechtsextremismus.bayern.de/
  erste-hilfe/aussteiger

Berlin

- *Demokratiezentrum:*
  Landeskoordinierungsstelle des Beratungsnetzwerks
  f. Demokratieentwicklung – gegen Rechtsextremismus
  www.berlin.de/lb/ads/schwerpunkte/rechtsextremis
  mus-rassismus-antisemitismus/landesdemokratie
  zentrum

- *Mobiles Beratungsteam:*
  Mobile Beratung gegen Rechtsextremismus
  www.mbr-berlin.de
  Mobiles Beratungsteam Ostkreuz
  www.mbt-ostkreuz.de
- *Opferberatung:*
  ReachOut
  www.reachoutberlin.de
- *Distanzierungs- und Ausstiegsberatung:*
  Exit Deutschland
  www.exit-deutschland.de
  Violence Prevention Network
  www.violence-prevention-network.de

Brandenburg

- *Demokratiezentrum:*
  Koordinierungsstelle »Tolerantes Brandenburg« im
  MBJS
  www.tolerantes.brandenburg.de
- *Mobiles Beratungsteam:*
  demos – Brandenburgisches Institut für Gemein-
  wesenberatung
  www.gemeinwesenberatung-demos.de
- *Opferberatung:*
  Kontakt- und Beratungsstelle für Opfer rechter
  Gewalt Bernau
  www.dosto.de/op
  Opferperspektive e.V.
  www.opferperspektive.de

Bremen

- *Demokratiezentrum:*
  LKS »pro aktiv gegen rechts – Mobile Beratung in Bremen«
  www.pro-aktiv-gegen-rechts.bremen.de
- *Mobiles Beratungsteam:*
  pro aktiv gegen rechts – Mobile Beratung in Bremen und Bremerhaven
  www.pro-aktiv-gegen-rechts.bremen.de/sixcms/detail.php?gsid=bremen188.c.1785.de
- *Opferberatung:*
  pro aktiv gegen rechts – Mobile Beratung in Bremen und Bremerhaven
  www.pro-aktiv-gegen-rechts.bremen.de/sixcms/detail.php?gsid=bremen188.c.1770.de
- *Distanzierungs- und Ausstiegsberatung:*
  reset
  www.vaja-bremen.de/teams/reset

Hamburg

- *Demokratiezentrum:*
  Johann Daniel Lawaetz-Stiftung
  www.hamburg.de/landeskoordinierungsstelle
- *Mobiles Beratungsteam:*
  MBT Hamburg
  www.hamburg.arbeitundleben.de/index.php?s=1&id=10&stufe=10
- *Opferberatung:*
  Opferberatung Hamburg

www.hamburg.arbeitundleben.de/index.
php?s=1&tid=10&tstufe=10

- *Distanzierungs- und Ausstiegsberatung:*
  Kurswechsel
  www.kurswechsel-hamburg.de

Hessen

- *Demokratiezentrum:*
  Beratungsnetzwerk Hessen Institut für Erziehungs-
  wissenschaft – Philipps-Universität Marburg
  www.beratungsnetzwerk-hessen.de
- *Mobiles Beratungsteam:*
  Beratungsnetzwerk Hessen
  www.beratungsnetzwerk-hessen.de
  MBT Hessen
  www.mbt-hessen.org
- *Opferberatung:*
  Beratungsnetzwerk Hessen
  www.beratungsnetzwerk-hessen.de/für-betroffene
- *Distanzierungs- und Ausstiegsberatung:*
  Informations- und Kompetenzzentrums Ausstiegs-
  hilfen Rechtsextremismus – IKARus
  www.ikarus-hessen.de
  Rote Linie – Hilfen zum Ausstieg vor dem Einstieg
  www.rote-linie.net

Mecklenburg-Vorpommern

- *Demokratiezentrum:*
  Landeskoordinierungsstelle Demokratie und Toleranz Mecklenburg-Vorpommern
  www.beratungsnetzwerk-mv.de
- *Mobiles Beratungsteam:*
  Regionalzentren für Demokratische Kultur
  www.demokratie-mv.de
  www.cjd-rz.de
  www.akademie-nordkirche.de/regionalzentren
- *Opferberatung:*
  Lobbi e.V.
  www.lobbi-mv.de
- *Distanzierungs- und Ausstiegsberatung:*
  JUMP
  www.jump-mv.de

Niedersachsen

- *Demokratiezentrum:*
  Niedersächsische Landeskoordinierungsstelle beim Landespräventionsrat Niedersachsen
  www.lpr.niedersachsen.de
- *Mobiles Beratungsteam:*
  Beratungsnetzwerk Niedersachsen
  www.lpr.niedersachsen.de/nano.cms/praevention-von-rechtsextremismus
- *Opferberatung:*
  Einrichtung befindet sich im Aufbau.
  Ansprechpartner: www.lpr.niedersachsen.de

- *Distanzierungs- und Ausstiegsberatung:*
  Aktion Neustart
  www.verfassungsschutz.niedersachsen.de/aktuelles_
  service/meldungen/aktion-neustart---
  das-aussteigerprogramm-rechtsextremismus-
  91449.html
  Arbeitsstelle Rechtsextremismus und Gewalt (ARUG)
  www.arug-zdb.de
  AussteigerhilfeRechts
  www.aussteigerhilferechts.de

Nordrhein-Westfalen

- *Demokratiezentrum:*
  Landeskoordinierungsstelle gegen Rechtsextre-
  mismus in der Projektgruppe »Handlungskonzept
  gegen Rechtsextremismus und Rassismus,
  Landeskoordinierungsstelle gegen Rechtsextremis-
  mus«
  www.nrweltoffen.de
- *Mobiles Beratungsteam:*
  Mobile Beratung NRW
  www.mobile-beratung-nrw.de
- *Opferberatung:*
  Backup-NRW
  www.backup-nrw.org
  Opferberatung Rheinland
  www.opferberatung-rheinland.de
- *Distanzierungs- und Ausstiegsberatung:*
  Aussteigerprogramm Rechtsextremismus
  www.aussteiger.nrw.de

ComeBack
www.backup-comeback.de/come-back.html
NinA NRW
www.nina-nrw.de/wordpress

Rheinland-Pfalz

- *Demokratiezentrum:*
  Landesamt für Soziales, Jugend und Versorgung – Abt. Landesjugendamt
  www.beratungsnetzwerk-rlp.de
- *Mobiles Beratungsteam:*
  Beratungsnetzwerk Rheinland-Pfalz
  www.beratungsnetzwerk-rlp.de
- *Opferberatung:*
  Beratungsnetzwerk Rheinland-Pfalz
  www.beratungsnetzwerk-rlp.de

Saarland

- *Demokratiezentrum:*
  Ministerium für Soziales, Gesundheit, Frauen und Familie
  www.beratungsnetzwerk.saarland.de
- *Mobiles Beratungsteam:*
  Beratungsnetzwerk Saarland
  www.beratungsnetzwerk.saarland.de
- *Opferberatung:*
  Beratungsstelle für Opfer von Diskriminierung und rechter Gewalt
  www.beratungsnetzwerk.saarland.de

Sachsen

- *Demokratiezentrum:*
  Landespräventionsrat Sachsen
  www.lpr.sachsen.de
- *Mobiles Beratungsteam:*
  Kulturbüro Sachsen e.V.
  www.kulturbuero-sachsen.de
- *Opferberatung:*
  RAA Leipzig
  www.international.raa-leipzig.de/?page_id=185
  RAA Sachsen e.V.
  www.raa-sachsen.de
- *Distanzierungs- und Ausstiegsberatung:*
  Aussteigerprogramm Sachsen
  www.aussteigerprogramm-sachsen.de

Sachsen-Anhalt

- *Demokratiezentrum:*
  Ministerium für Arbeit und Soziales des Landes
  Sachsen-Anhalt/Bereich: Integrationsbeauftragte
  und Prävention von Rechtsextremismus
  www.beratungsnetzwerk-sachsen-anhalt.de
- *Mobiles Beratungsteam:*
  Freiwilligen-Agentur
  www.freiwilligen-agentur.de
  Miteinander e.V.
  www.miteinander-ev.de
  Projekt Gegenpart
  www.projektgegenpart.de

- *Opferberatung:*
  Mobile Opferberatung
  www.mobile-opferberatung.de
  Opferberatung Dessau
  www.opferberatung-dessau.de
- *Distanzierungs- und Ausstiegsberatung:*
  EXTRA – EXTRemismus-Ausstieg
  www.ausstiegshilfe.sachsen-anhalt.de

Schleswig-Holstein
- *Demokratiezentrum:*
  Ministerium für Soziales, Gesundheit, Familie und
  Gleichstellung
  www.beranet-sh.de
- *Mobiles Beratungsteam:*
  Regionale Beratungsteams
  www.beranet-sh.de/index.php/regionale-
  beratungsteams.html
- *Opferberatung:*
  Zebra e.V.
  www.zebraev.de
- *Distanzierungs- und Ausstiegsberatung:*
  Weg von Rechts
  www.weg-von-rechts.de

Thüringen
- *Demokratiezentrum:*
  Thüringer Ministerium für Soziales, Familie und
  Gesundheit, Referat 32 Jugendpolitik
  www.denkbunt-thueringen.de

- *Mobiles Beratungsteam:*
  Mobit e.V.
  www.mobit.org
- *Opferberatung:*
  Ezra
  www.ezra.de
- *Distanzierungs- und Ausstiegsberatung:*
  Ausstieg aus Rechtsextremismus und Gewalt
  www.ausstieg-aus-gewalt.de

AussteigerhilfeRechts

Was tun, wenn sich jemand in der rechtsextremen Szene befindet oder sich ihr gerade annähert? Was tun, wenn dieser Weg nicht mehr richtig erscheint?

Die AussteigerhilfeRechts unterstützt und begleitet beim Ausstieg aus dem Rechtsextremismus. Im Zentrum der Arbeit steht die persönliche Beratung.

Alle Anfragen werden vertraulich behandelt. Die Hilfen der AussteigerhilfeRechts sind kostenlos.

www.aussteigerhilferechts.de

**Nordverbund
Ausstieg Rechts**

Timo erinnert Dich an eine Dir nahestehende Person? Kennst Du selbst jemanden, der mit den falschen Leuten rumhängt? Du hast Veränderungen an einem Freund oder einer Freundin festgestellt und machst Dir Sorgen? Eine Mitschülerin oder ein Mitschüler macht plötzlich seltsame Sprüche?

Sie haben mit Jugendlichen zu tun, die Ihnen diese Eindrücke schildern? Sie suchen Information, Beratung oder Unterstützung?

Im Nordverbund sind Menschen, die sich auskennen, zuhören und vertraulich Hilfe anbieten:
www.nordverbund-ausstieg.de

Ilona Einwohlt

Uncovered
Dein Selfie zeigt alles

Ein sexy Foto von der Neuen in der Klasse abstauben: für Mädchen-
schwarm Milan die ultimative Challenge. Ein Flirt mit der selbstbe-
wussten Ella soll ihm bei seinen Kumpels den Bad-Boy-Titel sichern.
Aber Ella, die ihn beim Judo locker auf die Matte wirft, ist so ganz
anders als die Mädchen, die Milan bisher um den Finger gewickelt
hat. Als es zwischen den beiden funkt, schickt Ella ihm das Selfie, auf
das er gewartet hat. Aber längst hat sich Milan in Ella verknallt, so
richtig. Die bescheuerte Wette ist für ihn Geschichte. Wäre da nicht
sein Kumpel Tobi, der endlich nackte Haut sehen will – und der noch
aus einem ganz anderen Grund ein Auge auf Ella geworfen hat …

232 Seiten • Taschenbuch • ISBN 978-3-401-60549-4
Auch als E-Book erhältlich • www.arena-verlag.de

Annelies Schwarz

Klippenmond

Lars prügelt sich und provoziert, wo er nur kann. In seiner Klasse mag ihn deshalb keiner – nur Sevim, seine türkische Freundin hält zu ihm und versteht ihn. Deshalb freuen sich die beiden auch riesig auf die Klassenfahrt nach Cornwall. Endlich können Lars und Sevim viel Zeit miteinander verbringen. Doch da trifft es sie wie ein Schlag ins Gesicht: Lars wird von der Reise ausgeschlossen.

176 Seiten • Arena Taschenbuch • ISBN 978-3-401-02750-0
www.arena-verlag.de

Tullio Forgiarini

Leben. Nehmen.

Johnny ist ein absoluter Loser. Seine Mutter geht anschaffen, in der Schule bekommt er schon lange nichts mehr auf die Kette. Er kifft, säuft und regelt Probleme am liebsten mit seinen Fäusten. Zwischen ihm und dem Jugendknast steht eine allerletzte Chance: die Auszeit, ein Programm für Schulversager. Die erste Regel lautet: keine Ausrutscher mehr! Aber die guten Vorsätze haben ein Verfallsdatum. Der Tag, an dem er Shirley kennenlernt.

152 Seiten • Arena Taschenbuch • ISBN 978-3-401-60570-8 • www.arena-verlag.de

Stefan Gemmel & Uwe Zissener

Befreiungsschlag
Der Weg aus der Gewalt

Damit hatte Maik nicht gerechnet. Geprügelt hat er sich schon oft, immer folgenlos, aber nun wurde er zu einer Jugendstrafe auf Bewährung verurteilt. Er hat die Wahl: Knast oder ein Anti-Gewalt-Training. Klar, dass Maik solch ein Training für völlig überflüssig hält, auf Psychogeschwätz kann er verzichten. Doch weil das Training besser ist als Gefängnis, willigt er ein und macht erstaunliche Erfahrungen. Seine Umwelt und vor allem seine Freundin Julia beginnen gerade, ihn mit anderen Augen zu betrachten, da droht der Rausch der Spielkonsole ihn vom Weg abzubringen ...

240 Seiten • Arena Taschenbuch • ISBN 978-3-401-51056-9 • www.arena-verlag.de

Anja Tuckermann

Jana Frey

Ein Volk, ein Reich, ein Trümmerhaufen

Kein Wort zu niemandem

Millionen Kinder und Jugendliche wurden von den Nationalsozialisten zum blinden Gehorsam erzogen und schon früh für einen bevorstehenden Krieg ausgebildet. Hier kommen Mitläufer und Widerstandkämpfer, Verfolgte und ihre Helfer zu Wort. Ein Buch, das Mut macht, sich gegen Manipulation zur Wehr zu setzen und seine Menschlichkeit zu bewahren.

Sammy fühlt sich verraten. Von seinem besten Freund. Und von Karlotta, in die er sich verliebt hat. Enttäuscht schließt er sich Raphael und seiner Clique an, die in der Schule die Schwächeren tyrannisieren und erpressen. Und bald fühlt Sammy ihn auch, den Kitzel der Macht. Es ist ein unbeschreibliches Gefühl, wie ein Rausch. Sammy ist süchtig danach. Bis ihm eines Tages eine Falle gestellt wird.

176 Seiten • Klappenbroschur
ISBN 978-3-401-51144-3

208 Seiten • Arena-Taschenbuch
ISBN 978-3-401-50896-2
www.arena-verlag.de

Tilman Röhrig

Abdullah Al-Sayed

In 300 Jahren vielleicht

Geflüchtet

Hunger, Elend und Furcht bestimmen das Leben in Eggenbusch im Jahre 1641. Nur wenige Menschen können sich noch an die Zeit vor dem Krieg erinnern. Gegen die Not, den Krieg mit seinen plündernden Soldatenhorden und die Angst vor der Pest setzt der 15-jährige Jockel seine Liebe zu Katharina und die Hoffnung, dass irgendwann wieder Friede sein wird: in dreihundert Jahren vielleicht.

Abdullah kommt aus Syrien. Er ist 16, als er aus seinem Heimatort Ar-Raqqa flieht. Sein älterer Bruder wurde verschleppt, sein Vater bei einem Bombenangriff getötet. Weil die Bedrohung immer größer wurde, stattete seine Familie ihn mit Geld aus. Abdullah schlug sich nach Deutschland durch. In einem Jugendheim findet er Sicherheit und ein neues Zuhause. Doch das Ankommen ist nicht leicht …

160 Seiten • Arena Taschenbuch
ISBN 978-3-401-02775-3

216 Seiten • Klappenbroschur
ISBN 978-3-401-60329-2
www.arena-verlag.de

Jürgen Banscherus

978-3-401-50805-4

Das Lächeln der Spinne

Simon Laub führt eigentlich das normale Leben eines 13-Jährigen. Doch dann wird er plötzlich bedroht, während seine Mutter als Polizistin nach illegalen ukrainischen Jugendlichen sucht. Simon hat das Gefühl, als habe jemand ein Netz über ihm ausgeworfen, das nun zugezogen wird. Aber welche Spinne in diesem Netz lauert und was für ein perfides Spiel sie spielt – das hätte er sich in seinen schlimmsten Träumen nicht ausmalen können.

Asphaltroulette

978-3-401-50806-1

Es ist ein gefährliches Spiel, zu dem sich der auf der Straße lebende Sven hinreißen lässt. In illegalen Autorennen tritt er gegen andere Jugendliche an und setzt damit sein Leben aufs Spiel. Nervenkitzel, die Sehnsucht nach Anerkennung, Langeweile und keine Perspektive – das scheinen die Gründe der meisten zu sein. Doch für Sven gibt es einen weiteren: Anne.

Davids Versprechen

Nichts verraten, nicht darüber reden – was in der Familie geschieht, geht niemanden etwas an ... So hat er es versprochen. Und David hält das Versprechen. Doch dann kommt der Tag, an dem zu viel passiert. Der Tag, an dem David den Teufelskreis des Schweigens durchbricht und darüber spricht, was sein Vater ihm all die Jahre angetan hat.

978-3-401-50808-5

Arena

Jeder Band:
Arena-Taschenbuch
www.arena-verlag.de